贵州省科技厅软科学项目《跨境电子商务创新发展研究》（编号：黔科合基础[2017]1515-6）

人文在线出版基金资助出版

贵州民族大学学术文库著作

跨境电商物流供应链创新与发展研究

黄景贤　柏　松◎著

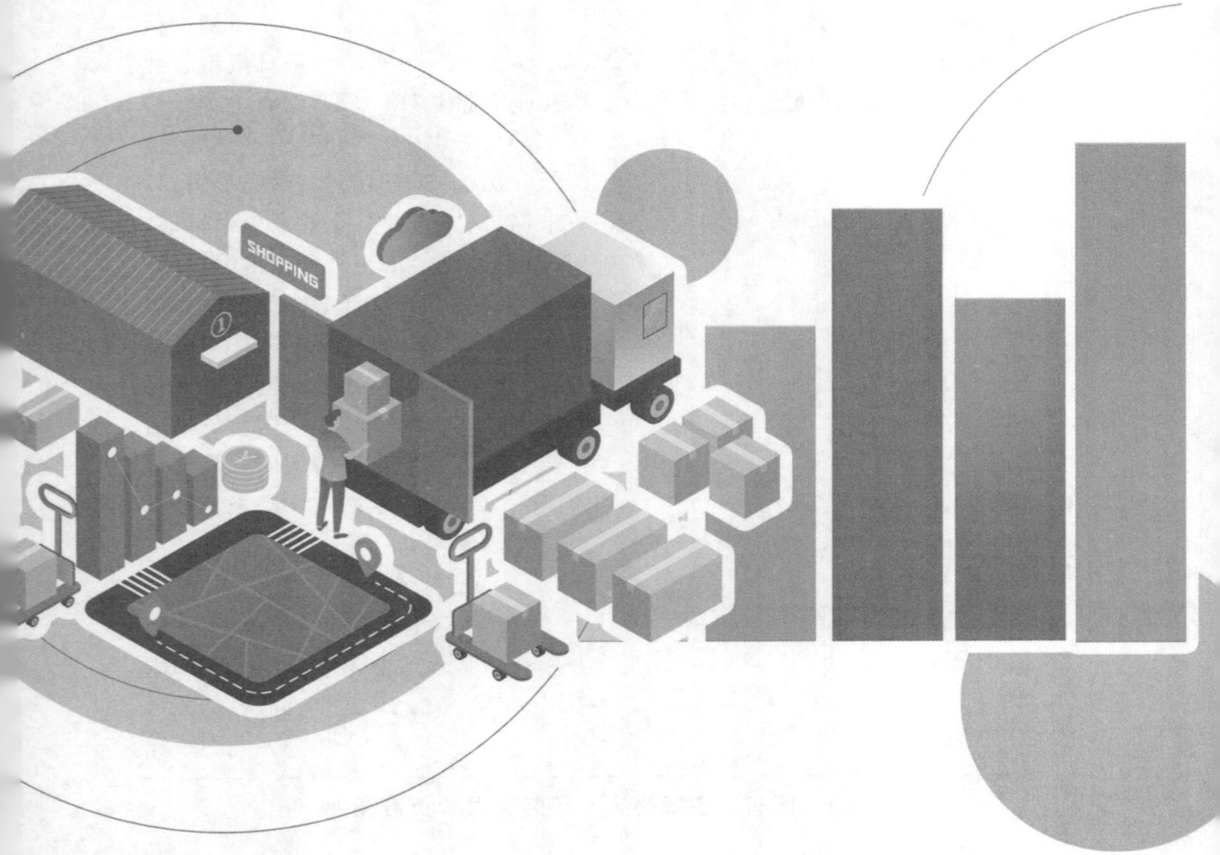

经济日报出版社

图书在版编目（CIP）数据

跨境电商物流供应链创新与发展研究 / 黄景贤，柏松著. —北京：经济日报出版社，2021.12
ISBN 978-7-5196-1010-4

Ⅰ.①跨… Ⅱ.①黄… ②柏… Ⅲ.①电子商务—物流管理—供应链管理—研究 Ⅳ.①F713.365.1

中国版本图书馆 CIP 数据核字（2021）第 259735 号

跨境电商物流供应链创新与发展研究

著　者	黄景贤　柏　松
责任编辑	门　睿
责任校对	刘　芬
出版发行	经济日报出版社
地　址	北京市西城区白纸坊东街 2 号 A 座综合楼 710（邮政编码：100054）
电　话	010—63567684（总编室） 010—63584556（财经编辑部） 010—63567687（企业与企业家史编辑部） 010—63567683（经济与管理学术编辑部） 010—63538621　63567692（发行部）
网　址	www.edpbook.com.cn
E—mail	edpbook@126.com
经　销	全国新华书店
印　刷	廊坊市海涛印刷有限公司
开　本	710×1000 毫米　1/16
印　张	14.75
字　数	200 千字
版　次	2022 年 2 月第一版
印　次	2022 年 2 月第一次印刷
书　号	ISBN 978-7-5196-1010-4
定　价	60.00 元

序

推动我国跨境电子商务的创新发展，需要与提供跨境电商物流供应链业务的国际快递企业合作共赢。电子商务的发展对快递产业的发展起到了巨大的推动作用，同样，国际快递公司的供应链解决方案商业模式创新也可以促进跨境电商的创新发展。因此，通过对快递企业的跨境电商供应链解决方案商业模式创新的研究，来阐述如何推动跨境电商的创新发展是非常必要的。在跨境电商业务中，针对发货方和收货方双方面临的问题提供物流供应链解决方案，就是供应链解决方案商业模式的创新。

当今世界，经济全球化的趋势不断深化，世界上许多政府都将跨境电子商务视为经济全球化增长的引擎。众所周知，信息网络是全球性的，对于跨境电子商务来说，全球物流网络也是必要的。

国际物流的效率取决于国际供应链的可靠性和供应链服务提供的可预测性。因此，物流的效率性就成为全球经济增长和竞争的核心。跨境电子商务的成功与否很大程度上取决于跨境商品物流供应链的成本和通关手续。跨境电商物流供应链的创新与发展已经成为我们需要解决的紧迫的问题。

国际知名快递公司 FedEx（美国联邦快递公司）、UPS（美国联合包裹运送服务）、DHL（敦豪速运）都已经着手与各国各地区的政府建立起战略合作伙伴关系，为托运人和收货人提供事先风险规避、运输设备、货物跟踪、电子信息网络以及其他相关服务。国际快递运营商为了追求更公平的竞争环境，选择降低运输成本，直接促进了跨境电子商务的快速增长。

我国跨境电子商务综合试验区是我国设立的跨境电子商务综合性质的

先行先试的城市区域，为了促进我国跨境电子商务综合试验区更好、更快地发展，我国政府在实施各项有利于跨境电商企业发展政策的同时，需要与我国优秀的国际快递从业者，如顺丰速运有限公司、中国邮政集团公司等联合起来，为我国跨境商品进入世界各国市场发挥保驾护航的作用，使我国跨境商品顺利地进入世界市场，使国际贸易风险最小化。

在此次疫情期间，顺丰速运有限公司发挥其强大的物流网络优势，一直“飞驰”在抗疫、助力复工复产第一线。顺丰控股股份有限公司公布了2020 年 3 月快递服务及供应链业务经营简报，在全行业复工复产、国内外防疫物资的运输需求持续上升的背景下，顺丰控股股份有限公司 2020 年 3 月业绩延续了前期高增长态势，营业收入（含供应链业务）达到 126.28 亿元，同比增长 47.18%，业务件量达到 6.79 亿件，更是同比增长 93.45%，供应链业务收入 4.65 亿元，同比增加 18.32%。单票收入 17.91 元，同比下降 23.20%。顺丰控股股份有限公司正在加速铺设覆盖国内和国际以枢纽模式为主的全货机网络，服务国家产业转型升级。可以说，顺丰控股股份有限公司将真正成为与世界级企业比肩的中国物流企业。

我们知道，在国内市场，顺丰控股股份有限公司联合必要商城成功打造了 C2M（用户直达工厂）的生产模式。我们可以大胆设想一下，在不久的将来，我们国家的国际快递企业会将我们国家生产的优质产品直接送到世界各国消费者手中。那么跨境电子商务物流供应链应该如何创新和发展，就成为我们必须研究和探讨的重要任务。

本书的创新之处主要有三个地方：一是分析了跨境电商国际物流企业供应链解决方案商业模式的五个要素；二是分析了跨境电商国际物流企业供应链解决方案商业模式创新的 ICT（信息通信技术）环境、宏观环境以及政府简政放权的影响；三是阐明跨境电商国际快递企业的供应链解决方案商业模式是推动我国跨境电子商务综合实验区发展的重要切入点，并尝试提出具体的对策建议。

本书对美国和日本的快递产业的形成和发展做了详细论述；对美国

UPS（联合包裹）、美国 FedEx（联邦快递）、日本雅玛多运输、佐川急便以及中国顺丰速运这几家国际快递企业商业模式创新的五个要素、商业模式创新的经营环境、政府的简政放权做了详细的分析；对国际快递与跨境电商的协同发展做了详细分析等，具体如下：

第 1 章主要对本书的研究概况做了简单介绍，具体包括研究背景、研究目的、研究意义、本书的思路以及本书的内容简介。

第 2 章介绍了日本快递产业的形成和发展。

第 3 章介绍了欧美快递产业的形成和发展。

第 4 章介绍了美欧日快递产业商业模式创新的发展阶段。

第 5 章介绍了美国 UPS 的商业模式创新过程。

第 6 章介绍了美国 FedEx 商业模式创新各个阶段的情况。

第 7 章的主要内容围绕日本雅玛多运输商业模式创新的过程和阶段。

第 8 章介绍了日本佐川急便的商业模式创新过程。

第 9 章介绍了中国顺丰速运的商业模式创新过程。

第 10 章介绍了我国跨境电子商务的发展历程和发展现状。

第 11 章介绍了我国跨境电子商务物流供应链的各种类型。

第 12 章介绍了我国跨境电子商务综合试验区的发展。

第 13 章分析了疫情对跨境电子商务物流供应链带来的机遇与挑战。

第 14 章给出了跨境电子商务物流供应链创新发展的几点建议。

最后，列出了跨境电商和国际物流相关的大事记。

跨境电子商务物流供应链的发展日新月异，本书的研究给出了一定的总结和解答。当然，本书的研究未必全面，为此欢迎学界同人能够批评指正。跨境电子商务物流供应链的创新发展具有非常高的时效性和实用性，并非短时间能够完成，作者在今后的研究和学习中会进一步发展和完善。

黄景贤

2021 年 11 月

目　录

第1章 研究概况

1.1 研究背景

2016年8月24日，国家发展和改革委员会发布了《贵州内陆开放型经济试验区建设实施方案》。该方案明确提出，要加快建设国际化开放平台，支持贵州在现有政策法规允许的条件下大胆探索和推广跨境电子商务的创新和发展。2016年12月，贵州举办内陆开放型经济试验区建设与推进大会，在推进建设工作会议上，强调要进一步明确和把握重点和突破口，推进内陆开放经济试验区建设各项部署项目和事项的落实。因此，研究跨境电子商务的创新发展已成为一项紧迫而重要的任务。推动跨境电子商务创新发展将成为贵州推进内陆开放型经济试验区建设的关键点和突破口。

中国（贵阳）跨境电子商务综合试验区是国务院批准成立为推动全国跨境电子商务健康发展而成立的试验区。2018年7月24日，根据中国国务院在《关于同意在北京等22个城市设立跨境电子商务综合试验区的批复》中的指导精神，贵阳跨境电子商务综合试验区建设应该全面落实党的十九大精神，以习近平新时代中国特色社会主义思想为指导，统筹推进“五位一体”总体布局和协调推进“四个全面”战略布局，坚持新发展理念，全面实施创新驱动发展战略，以推动形成全面开放新格局为目标，因地制宜，突出本地特色和优势，在跨境电子商务的技术标准、业务流程、监管模式和信息化建设等方面先行先试，推动全国跨境电子商务探索新做法和新经验。

另外，根据《贵阳市物流园区中长期发展规划（2014—2020）》的指导精神，贵阳市重点关注生产力布局和未来发展趋势，紧紧围绕目前贵阳市的产业结构和现有的物流资源分布，重点建设龙洞堡临空物流园、金清电子商务物流园、改貌现代物流园、修文生产资料物流园和贵阳综合保税区现代物流园这 5 个大的物流园区，以及白云（高新沙文园区）、息烽、乌当和开阳 4 个大型物流基地。

贵阳综合保税区现代物流园区为国务院指定的口岸服务型物流园区，具有贵州省最完善的服务功能、最优惠的政策条件的国际物流枢纽节点。贵阳综合保税区现代物流园的主要业务集中在保税贸易、保税物流、仓储配送以及国际物流增值服务等领域；龙洞堡临空物流园发挥着国际货物枢纽的作用，其主要业务集中在临空保税物流、电子商务物流以及快递中转配送等领域。致力于打造以贵州为中心，辐射全国乃至东南亚地区的国际航空枢纽。开阳物流基地是提供生产物流服务的园区，由双流物流中心、永温物流中心以及开阳港物流中心构成，主要服务领域是为全国磷煤化工企业提供专业的物流服务。

定位为立足贵州、服务中国、面向东南亚的区域是国际航空物流枢纽，主要发展机场保税物流、快递配送和物流配送电子商务、物流等。开阳物流基地是一个规划面积广阔的生产服务型物流园区，占地 3345 亩，由永文物流中心、双流物流中心、开阳港物流中心构成，定位为中国有影响力的专业物流服务平台和磷煤化工领域黔中地区散磷煤炭贸易物流平台和重要港口物流平台，以多式联运服务为重点，大力发展磷煤化工专业物流和磷煤化工园区域电子商务等。

2020年2月24日，中共贵州省委、省人民政府出台《关于支持贵安新区高质量发展的意见》。为全面深入贯彻落实习近平新时代中国特色社会主义思想和习近平总书记视察贵安新区时的重要指示精神，政府应坚持高端化、绿色化、集约化，加快贵安新区建设，力求打造西部地区重要经济增长极、生态文明示范区和内陆开放型经济试验区。

为了更好地探讨贵州省内陆开放型经济试验区、贵阳市跨境电子商务综合试验区、贵安新区及贵州省物流产业园的发展，笔者首先分析了跨境电商和国际物流的政治经济形势，对美国、日本、中国的物流产业的竞争情况做了分析，具体分析了这三个国家的代表性国际物流企业的发展情况，然后对中国的跨境电子商务产业的发展，以及各地跨境电子商务综合试验区的发展和特色进行了系统分析。在对国际、国内大趋势分析的基础上，探讨了贵州省应该如何发展跨境电子商务综合试验区和国际快递产业。最后，我们应该意识到在当前全世界抗击疫情的经济形势下，跨境电商和国际物流产业既面临着巨大的挑战，也面临着无数的机遇。笔者对此也尝试着做了一些探讨。

Global Express Association（国际快递产业联盟，以下简称GEA）是快递产业的国际贸易联盟，主要提供快速便捷通关、推进快递竞争和市场改革以及推进各国政府对快递产业的简政放权、快递流程监管等服务。GEA指出2009年到2014年，快递产业的年平均增长率为7%，增长势头十分强劲。快递产业在亚太地区等欧美以外的市场上增长速度更加明显。2013年，根据GEA成员的数据和其他公开数据，国际快递产业在全球提供了约300万人的就业机会

（见表1）。从表1快递业的DII效应可以看出，快递产业占全球GDP的0.19%。快递产业提供的直接就业机会（全职）约60万人，间接带来约180万人的就业机会。此外，它还提供约57万个外围就业机会。

表1　快递产业的DII效果

	全球就业人数	全球影响（%）
直接影响	585000	0.04%
间接影响	1815000	0.11%
周边影响	571000	0.04%
总计	2971000	0.19%

资料来源：Frontier Economics，Express Delivery and Trade Facilitation：Impacts on the Global Economy，Global Express Association，January 2015，p. 2.

European Multi-Channel and Online Trade Association（欧洲渠道与在线贸易协会，以下简称EMOTA）是位于欧洲的为国际零售和电子商务提供服务的组织。它提供电子零售领域物流渠道的专业知识和经验，促进了该领域公共政策的发展。EMOTA指出，近年来，跨境电子商务的快速发展对快递业的发展起到了非常重要的促进作用。如图1所示，每个地区的电子商务收入，国际企业对消费者Business to Consumers（以下简称BtoC）电子商务业务总收入达到1.4万亿美元，其中欧洲是全球最大的BtoC电子商务市场。此外，近年来，BtoC电子商务在亚太地区的增长速度最快，并取得了长足的进步，它的市场份额超过了北美，成为仅次于欧洲的第二大市场。同时，该报告指出，跨境服务迫切需要提供便于销售者和消费者使用的服务和信息。快递服务提供商和电子商务相关协会如EMOTA建立的战略伙伴关系为提供此类服务做出了巨大贡献和努力。

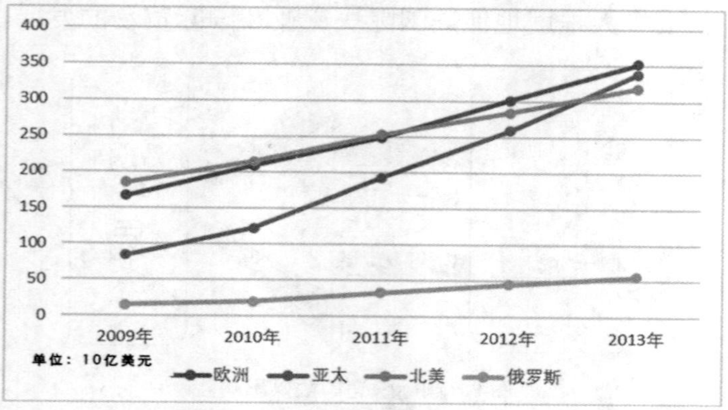

图1　各地区的电子商务营业收入（单位：10亿美元）

资料来源：European Multi-Channel and Online Trade Association（EMOTA），E-Commerce and Distance Selling in Europe Report，2014，p. 6.

Oxford Economic Forecasting（牛津经济预测中心）指出，阻碍快递业发展的政策在所有国家和地区都很普遍。例如：① 对政府和寡头企业进行保护的政策，如对从事快递业务的企业征收特别税金进行价格规划、给与优惠待遇、发放许可证制度等政策；② 许可证申请条件复杂化，如很高的许可费、年审制度等；③ 许多国家和地区清关程序非常低效，例如清关设备短缺、人员和技术不足、设施不发达、货物重量和价格限制等；④ 其他限制措施，如航空市场保护政策、外资限制政策、陆路运输系统参与限制制度等。

Frontier Economics（前沿经济学）指出，国际快递业促进了各国经济的发展和国际贸易的发展，特别是海关能力的发展。[①] 从图2国际快递的触媒影响可以看出，国际快递业务最首要的问题是要了解清楚相关的各个国家和地区的国际贸易政策。其中重中之重的问题是各国各地区海关的通关能力和国际贸易之间的相关问题。通关

① Frontier Economics，Express Delivery and Trade Facilitation：Impacts on the Global Economy，Global Express Association，January 2015.

政策的放松会极大程度地促进国际快递业和国际贸易的发展。

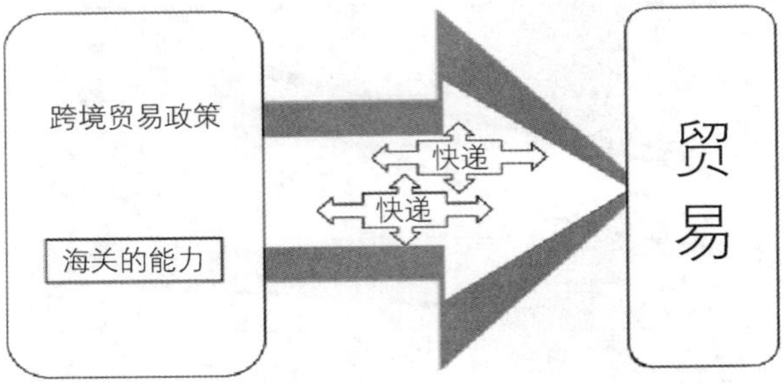

图 2　国际快递的触媒影响

资料来源：Frontier Economics，Express Delivery and Trade Facilitation：Impacts on the Global Economy，Global Express Association，January 2015，p. 26.

世界各国政府都把电子商务的发展看作是经济发展和增长的引擎。一方面，政府通过制定相关法律法规确保和监控内部的安全；另一方面，通过实施各种政策促进电子商务的发展。为了推进网络信息的交流和使用，电子商务必须面向商品生产者和消费者提供有效可靠的物流网络。信息网络是全球性的，伴随其发展的物流网络也必须铺设到全球各个地方。物流的有效性在很大程度上取决于供应链的信誉和提供供应链服务的可预测性。物流的有效性已成为经济增长和竞争的焦点问题。国际电子商务物流的核心问题就是监管机构以及商品移动过程中涉及的法律、法规问题。①

The Organization for Economic Co-Operation and Development（国际经济合作与发展组织，以下简称 OECD）认为各国各地区在通关过程中设置的壁垒，使国际贸易商品的价格增加了 24%。②FedEx、

① International Bank for Reconstruction and Development and the World Bank，Connecting to Compete：Trade Logistics in the Global Economy，2014.

② Organization for Economic Co-Operation and Development（OECD），〈http：//www. oecd. org〉The World Bank，〈http：//www. worldbank. org/〉

UPS、DHL、TNT[①] 等国际快递运营商和政府海关合作，为托运人和收货人提供物流信息、物流设备、物流追踪和物流过程的风险规避等服务。国际快递运营商寻求更公平的竞争环境和降低运输配送成本，其结果推动了跨境电子商务的发展。

1.2 目标及意义

1.2.1 研究目标

本研究的目标与任务是通过实地调研、企业访谈及案例分析论证以下观点：

为了推动贵州内陆开放型经济试验区的建设及跨境电子商务的创新发展，需要与开展跨境电子商务业务的国际快递企业合作共赢。跨境电商的创新发展对快递产业的发展起到了很大的推动作用。同时国际快递公司的供应链解决方案商业模式创新可以促进跨境电商的创新发展。通过对国际快递公司针对跨境电商提供的供应链解决方案商业模式创新的分析研究来具体阐述如何推动跨境电商的创新发展。

EMOTA 指出，跨境电商的创新发展对快递产业的发展起到了巨大的推动作用。近年亚太地区的 BtoC 电子商务的成长速度是最快的，成为世界第 2 位的市场。GEA 指出，2009 年到 2014 年快递产业以每年 7%的速度增长。Oxford Economic Forecasting 指出，各国

① 美国 FedEx（联邦快递）于 2015 年 4 月 7 日与大型荷兰物流公司 TNT 速递达成了一项合并协议。随着国际电子商务贸易的扩大，世界各国快递企业都加入了并购整合的潮流，快递运输网络的整合已成为一项紧迫的任务。FedEx 和 TNT 两公司业务内容互补，FedEx（联邦快递）总裁史密斯表示，此次收购不仅包括欧洲，还包括中东和亚洲地区，旨在建立全球更广泛区域的优质快递服务体系。

政府都把跨境电商作为经济增长的发动机。

1.2.2 研究意义

跨境电商商业模式创新的难点之一是国际快递物流供应链。贵州内陆开放型经济试验区、中国（贵阳）跨境电子商务综合试验区、贵阳综合保税区、贵安新区等的发展，非常重要的一个环节是跨境电商商业模式的创新。因此，从总体上对跨境电商的国际政治经济形势、行业发展状况进行研究之后，对跨境电商物流供应链商业模式创新的研究是非常必要的。

1.3 研究思路与内容

1.3.1 研究思路

Afuah [Afuah Allan（阿兰·奥佛尔），2014][①] 对商业模式的构成要素及商业模式创新做了明确的规定。商业模式就是为了确保收益（创造价值）而取得的价值的框架。商业模式的构成要素包括五个部分，即收益模型、顾客价值提案、市场细分、成长模型、企业能力。企业通过收益模型向顾客进行价值提案，赚取收益。例如，企业通过正确的顾客价值提案和收益模型，从有购买欲望的细分市场赚取收益，而此时竞争企业也要模仿该企业进入该领域，这个时候商业模式里面的成长模型就发挥其作用，确保该企业不断地成长。最后，向目标细分市场进行顾客价值提案等活动，必须有正确的企业能力来确保商业模式的价值创造活动。

① Afuah Allan, Business Model Innovation: Concepts, Analysis, and Cases, Routledge, 2014, p. 5，由作者翻译。

顾客价值提案要比竞争企业更能够解决顾客的问题，或者说为了满足顾客的需要提供更好的商品和服务。企业的顾客价值提案不仅包括商品和服务，还包括企业的信用和顾客关系等相关资产。为了更好地细分市场，企业必须知道能够带来利益的顾客的潜在需求有多少，针对他们的购买欲望企业能够提供多大程度的便利，在收益模式的构成要素中，顾客针对企业提供的商品和服务愿意怎样支付以及支付多少价钱。成长模型的构成要素是企业如何确保利益并不断地成长，而商业模式的成长要素是企业增加顾客的数量、促进顾客的支付欲望、构筑低价格模型并不断地接近顾客的期待价格。企业能力是商业模式的中心，由企业资源和企业活动构成。

企业的商业模式创新是在外界环境的作用下进行的。带来创新的企业环境包括 ICT（信息通信技术）环境和宏观环境。宏观环境包括政治法律环境、经济环境、社会和消费者属性环境、技术环境、自然环境和全球化环境。企业通常利用 ICT 环境的机会和威胁来进行商业模式创新。这些机会和威胁包括破坏性的技术、社交媒体、少量多频率的创新、网络的影响、长尾定律、云采购等破坏性的技术现象。同时机会和威胁也有可能来自政府的简政放权。

根据图 3 所示，我们对商业模式创新模型做以下分析：

第一，分析各国际快递企业的快递商业模式和跨境电商 SCM（供应链管理）解决方案商业模式的五个要素，即收益模型、顾客价值提案、市场细分、成长模型、企业能力。

第二，分析各国际快递企业的快递商业模式和跨境电商 SCM 解决方案商业模式的 ICT 环境和宏观环境以及政府简政放权的影响。

第三，阐明跨境电商物流供应链的创新和发展是推动跨境电子商务综合试验区发展的重要切入点，并尝试提出具体的对策和建议。

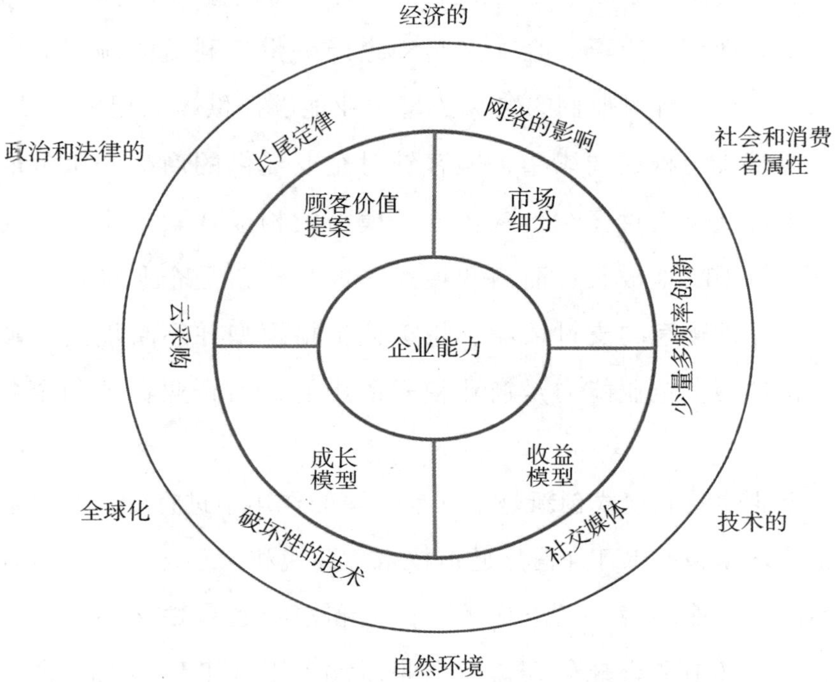

图 3　商业模式创新模型

资料来源：Afuah Allan，Business Model Innovation ：Concepts，Analysis，and Cases，Routledge，2014，p. 5.

1.3.2　研究内容

(1) FedEx、UPS、雅玛多运输、佐川急便、顺丰速运简介

本书的企业研究包括 5 家公司，分别为美国 FedEx Corporation (在本书中简称 FedEx)、美国 United Parcel Service of America，Inc (在本书中简称 UPS)、日本雅玛多运输株式会社（Yamato Transport Co.，Ltd。在本书中简称雅玛多运输)、日本佐川急便株式会社 (Sagawa Express Co.，Ltd。在本书中简称佐川急便)、中国顺丰速

运有限公司（SF Express Co.，Ltd。在本书中简称顺丰速运）。5家国际快递企业的企业概况如表2至表6所示。

表2 FedEx公司简介

公司名称	FedEx Corporation
总部所在地	美国田纳西州孟菲斯
最高经营者	Fred Smith
创立时间	1971年
公司业务	致力于提供快捷可靠的速递服务，业务遍及全球220多个国家及地区
营业收入	696亿美元
自有飞机	超过650架

资料来源：FedEx公司主页，进入主页日期2019年。

表3 UPS公司简介

公司名称	United Parcel Service of America，Inc.
总部所在地	美国佐治亚州亚特兰大市
最高经营者	David Abney
创立时间	1907年
业务范围	小件货物运输，供应链以及货代业务
营业收入	582亿美元
自有飞机	超过250架

资料来源：UPS公司主页，进入主页日期2019年。

表4 雅玛多运输公司简介

公司名称	雅玛多运输株式会社
总部所在地	日本东京都中央区
会长	木川真
创立时间	1919年
业务内容	小包裹等各种与运输相关的业务
营业收入	146亿美元
自有飞机	无

资料来源：雅玛多运输主页，进入主页日期2019年。

表 5　佐川急便株式会社简介

公司名称	佐川急便株式会社
总部所在地	日本京都府京都市
会长	栗和田荣一
创立时间	1965 年
业务内容	快递、物流以及货代业务
营业收入	83 亿美元
自有飞机	无

资料来源：佐川急便公司主页，进入主页日期 2019 年。

表 6　顺丰速运公司简介

公司名称	顺丰速运有限公司
总部所在地	中国广东省深圳市
总裁	王卫
创立时间	1993 年
业务内容	围绕快递物流产业链展开业务
营业收入	158 亿美元
自有飞机	超过 70 架

资料来源：顺丰速运公司主页，进入主页日期 2019 年。

（2）FedEx、UPS、雅玛多运输、佐川急便、顺丰速运的成长战略

如图 4 短・中・长期同时进行的主导权成长战略模型所示，成长企业坚持现有核心业务，拓展该业务，扩大短期收入；为了实现和支撑中期收入，让新业务实现跨越式增长；追求长期效益，发展更多业务，确保时间和资源的投入。

通过进一步分析这些快递公司的成长阶段，我们可以看到近年来企业开始关注 SCM 供应链解决方案的商业模式。从图 5 到图 9 为公司成长战略概念图。

①美国 FedEx（联邦快递）的成长战略概念图

图 5 为联邦快递的成长战略概念图，分为三个阶段：第一阶段美国国内快递业务商业模式的创新，是从 1973 年开始的。1980 年开

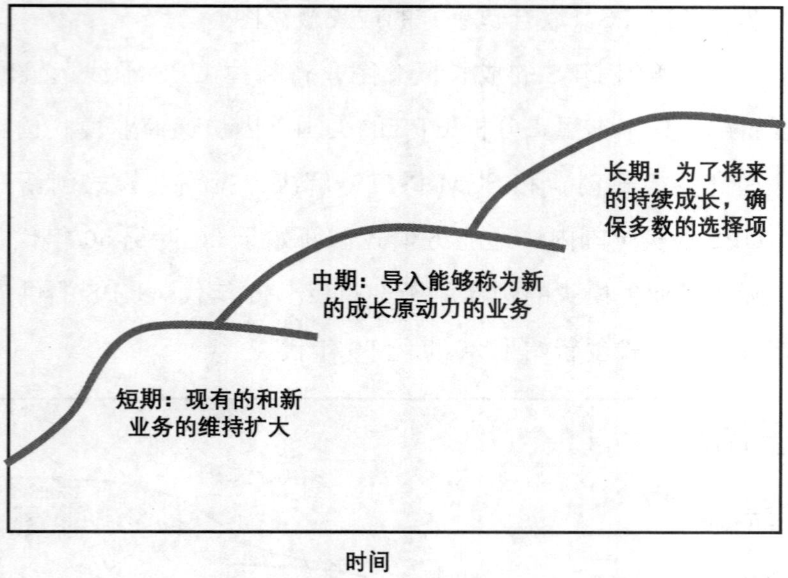

图 4　短・中・长期同时进行的主导权成长战略模型

始，联邦快递进行国际航空网络的拓展，也就是第二阶段的国际快递商业模式创新。1990 年以后，随着联邦快递快递业务网络的拓展和物流信息网络的提升，联邦快递进一步进入了新一轮的创新，即供应链解决方案商业模式的创新。

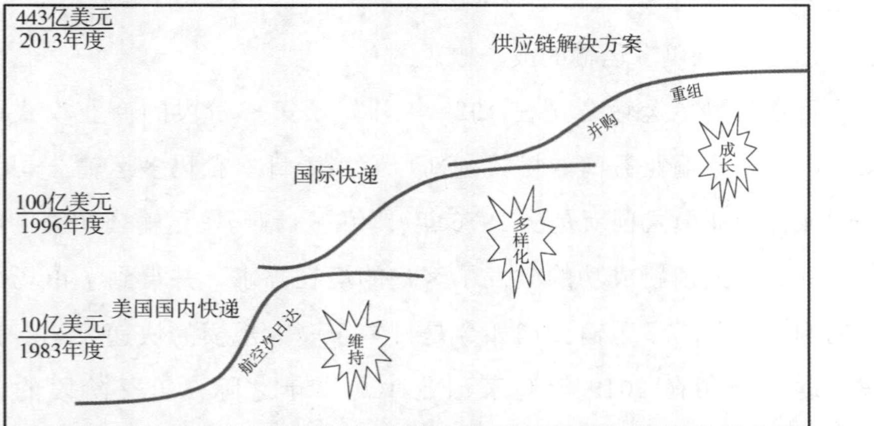

图 5　FedEx 的成长战略概念图

② 美国 UPS（联合包裹）的成长概念图

图 6 是美国 UPS 的成长概念图，省略掉 UPS 干线运输商业模式创新部分，本书重点分析 UPS 的美国国内快递商业模式创新、国际快递商业模式创新和 SCM 供应链解决方案商业模式创新三个阶段。UPS 的美国国内快递业务模式创新始于 20 世纪 50 年代。UPS 的国际快递业务模式的创新始于 20 世纪 80 年代。UPS 的供应链解决方案商业模式创新始于 20 世纪 90 年代。

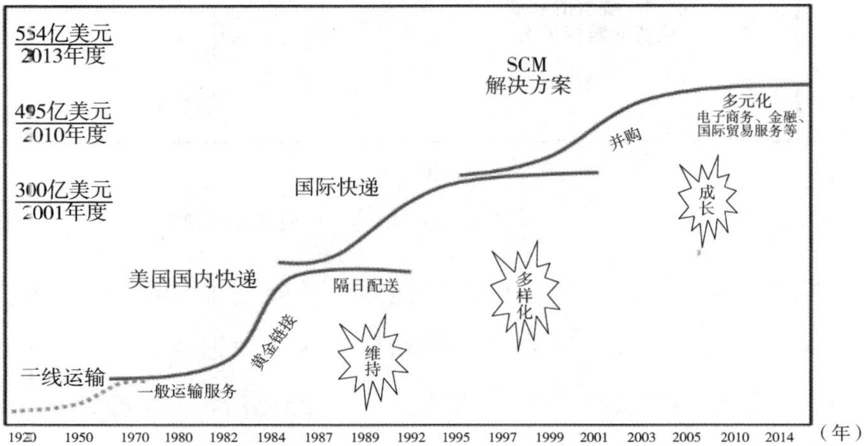

图 6　UPS 的成长概念图

③ 日本雅玛多运输的成长概念图

日本雅玛多运输公司在 1929 年开始了第一阶段的商业模式创新，即干线运输业务商业模式创新。紧接着日本雅玛多运输公司的快递业务商业模式创新是从 1976 年开始的。雅玛多运输公司第二阶段的商业模式创新成功的激发了客户的潜在需求，并得到了市场很大的响应。雅玛多运输公司如今是日本第一大规模的快递公司。雅玛多运输公司在 2019 年迎来创业 100 周年之际，第三阶段的创新——SCM 解决方案构想开始了。

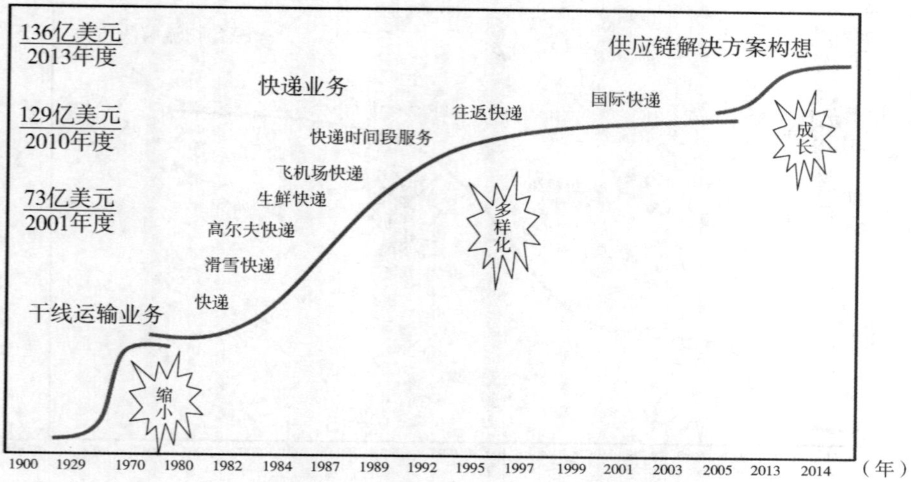

图 7　日本雅玛多运输的成长概念图

④ 佐川急便的成长战略

图 8 是佐川急便公司的成长概念图。自 1965 年佐川急便作为一家快递公司成立以来，最初的干线业务商业模式创新便开始了。20 世纪 90 年代末期，为了应对地球环境问题、经济全球化问题以及信息化高速发展的问题，佐川急便成立了“快递运费备案项目”“新世纪商业战略审查委员会”以及“新信息系统计划”。全力以赴为客户提供可靠的运输品质。1998 年佐川急便制定的《佐川急便改革行动计划》取得了巨大成就。快递业务的 ISO 认证标志着佐川急便进入了第二个创新阶段，快递业务商业模式创新。

从 2007 年到 2009 年两年时间，佐川急便成为日本仅次于雅玛多运输的排名第二的快递公司。之后，佐川急便指出物流业务是公司发展的重大课题。佐川急便开始了第三个阶段的创新，即综合开发全方位物流解决方案的商业模式。

⑤ 中国顺丰速运（SF）的成长概念图

1993 年，顺丰速递在广东省顺德市注册成立了快递公司。顺丰

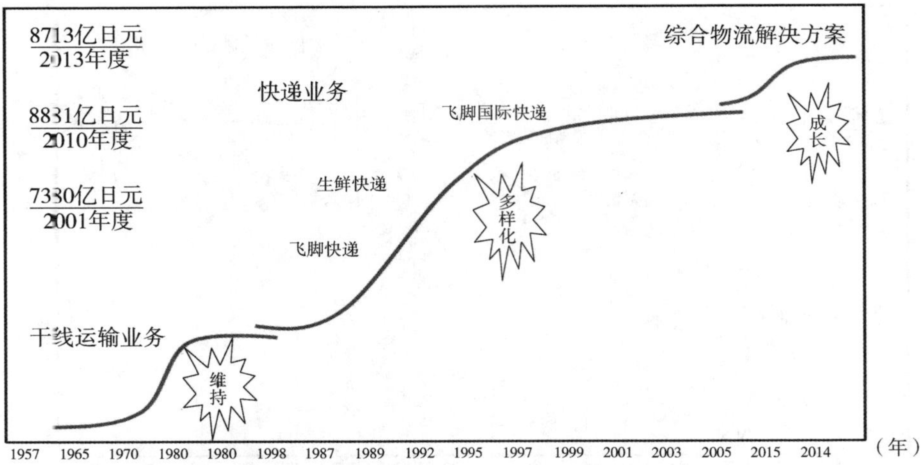

图 8　佐川急便的成长概念图

速运最初的生意是在中国顺德和中国香港之间的当日配送的快递业务。

2001 年，顺丰速运将其总部迁至深圳，并率先在中国采取了一体化全货运飞机运输货物。顺丰速运围绕着快递物流产业链的产品和服务不断丰富公司业务范围，为不同的客户量身打造供应链解决方案。如针对电子、汽配、食品、医药以及电商等领域的客户提供“一站式”的物流供应链解决方案。

从 2008 年开始，顺丰速运逐步建立了自己的航空公司，并逐步开放在美国、泰国、澳大利亚、马来西亚、新加坡、韩国以及蒙古等地的快递业务。自 2012 年以来，顺丰速递一直致力于客户业务转型，整合供应链解决方案，巩固 B2B 领域的快递业务领先地位，开始发展电子商务快递，朝着更高的目标前进。目前顺丰速运已形成“天网＋地网＋信息网”三网合一、可覆盖国内外的综合物流服务网络。

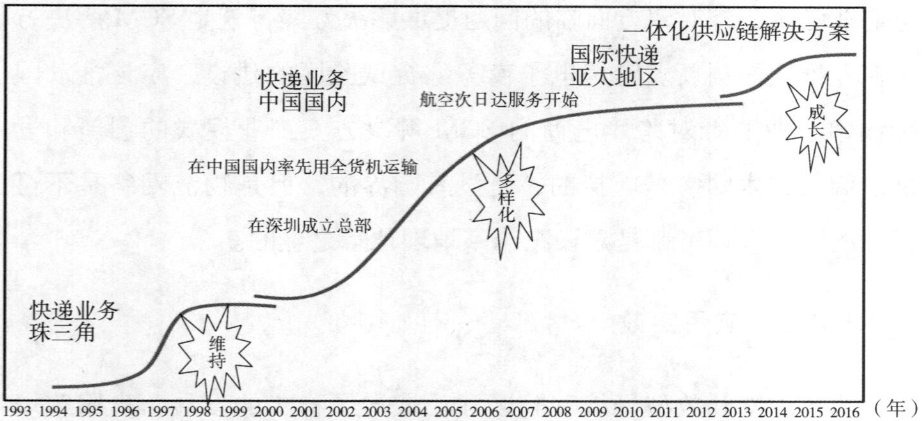

图9 顺丰速运的成长概念图

1.4 技术攻关成果及应用实效

1.4.1 技术成果

（1）本书系统地归纳了商业模式创新的模型（商业模式创新的五个要素，即收益模型、顾客价值提案、市场细分、成长模型、企业能力）、商业模式创新的ICT环境和宏观环境与政府简政放权的影响。

（2）系统分析了中国、美国和日本的国际快递企业的发展现状和发展战略，分析了UPS、FedEx、雅玛多运输、佐川急便、顺丰速运等企业的商业模式创新和供应链解决方案商业模式创新。

1.4.2 技术创新点

五家国际快递企业都把供应链解决方案（SCM）商业模式创新作为公司今后很长一段时间内发展的主要业务领域。供应链解决方案商业模式创新是服务创新的一个分支。

对服务行业解决方案商业模式的研究是一个创新领域。在跨境电商业务中，针对双方面临的问题提供解决方案，就是SCM解决方案商业模式的创新。跨境电子商务综合试验区的建设，应该推动国际快递企业的针对跨境电商的SCM解决方案商业模式的创新和发展。因为技术网络是虚拟的，是没有国界的，但是物流网络是不可虚拟的，各个环节都是建设在国家地理位置之上的。

1.4.3 应用实效

贵州内陆开放型经济试验区建设取得了稳步的发展。贵阳跨境电子商务综合试验区于2018年8月得到了国家的批准。如果能将内陆开放型经济试验区、跨境电子商务综合试验区、综合保税区以及自由贸易区的提议等建设综合考虑起来，就会发挥规模效应。在此，国家应该把对顺丰速运、邮政等快递企业的推动作为切入点，带动整个地区的发展。杭州跨境电子商务试验区是第一个跨境电子商务试验区，依托浙江省的制造业和阿里巴巴等网络零售商的规模不断壮大而迅速发展；上海跨境电子商务试验区要打造成国内自由贸易的新高地；天津跨境电子商务试验区的汽车平行进出口贸易全国领先；郑州跨境电子商务试验区和中国邮政、顺丰速运等联手，依托中欧班列，在进出口贸易上发挥了很大的推动作用。中欧班列经过贵州的改貌火车站，是我们可以利用的资源。贵州各地市都要尽全力将贵州土特产通过跨境电商综合试验区销往世界各地。另外，贵州作为内陆开放型经济试验区，发展跨境电商进口的潜力比较大。贵州近年来经济稳步增长，人民消费水平日益提高，对国外产品的消费市场非常巨大。另外，跨境电商物流主要依靠中国邮政、国际快递公司和中欧班列等进行，不会因为贵州身处内陆地区，而同其他沿海地区产生很大的物流上的差异。

第2章 日本快递产业的形成和发展

2.1 日本个人快递市场的形成与发展

2.1.1 个人快递市场的形成

从整个日本的物流行业来看，快递服务从形成时期开始，就不断地推出创新的服务、创新的产品，同时其商业模式也在不断地创新。信息技术革命带来的物流信息系统创新，更加推动了快递商业模式的创新发展。

从日本小件货物运输的发展历史来看，最初提供快递服务的是邮政小包裹快递服务和国铁小包裹运输服务。在当时，发货者需要严格地按照要求对包裹进行打包，并且按照所在地的规定贴上邮寄标签，此外还需要自己把包裹运送到车站或者邮局。换句话说，这种运输系统是按照提供运输服务方的理论成立的，对于发货者来说是不便利的。雅玛多运输最初就是把视线放到了这个蓝海领域，站在快递服务发货者的角度，推出了“宅急便”这种快递服务。

最初阶段，新兴的快递服务不断抢占邮政小包裹和国铁小包裹的市场份额。紧接着，新兴的快递服务快速地超越了以往的邮政和国铁的小件货物运输市场的规模，急剧进行市场的扩张。纵观日本的整个运输产业，从 1979 年到 1985 年，全体货物运输量的增长率为每年的－0.8%，但是与此相反，快递产业以每年 38.7%的速度迅速地成长起来。快递这种快捷的运输服务以其“一个电话取件，次日配送，均一费用”这样的创新服务紧紧抓住了消费者的需要。

从法律法规方面来看，1990 年在世界范围内流行的简政放权的影响下，日本制定了《货物利用运输事业法》《货物机动车运输事业法》，通称“物流二法”，货车运送法规定许可证由认可制改为许可制，运送费用由认可制改为事先申请制。快递产业的发展，促使了旧的法律制度的变革，推动了新的法律制度的出台。

雅玛多运输快递业务的成功确实是受益于高速公路网的整顿、IT 技术的进步等环境方面的整备带来的商业机会 。但是环境方面带来的商机都是相同的，能够发现并准确掌握商机才是决定性的因素。快递服务的创新也是同样的，当时雅玛多运输的小仓昌男社长每天都在考虑个人配送的问题，结果在曼哈顿看到的风景使他想到了“宅急便”这种运输服务。“宅急便”这种服务开始后 5 年获得了收益，之后 35 家同行业竞争者挤进了这个领域。由于最初 5 年作为先行者已经拉开了与其他企业的巨大差距，雅玛多运输成了快递这种商业模式的创新者，小仓昌男成了快递行业领袖式的经营者。

2.1.2 雅玛多运输快递服务的诞生与发展

(1) 短途运输成功，长途运输起步晚

雅玛多运输于 1919 年在东京京桥设立总部，以 4 辆卡车开始了运输业。第二次世界大战前，雅玛多运输已经在关东圈内建立起了运输网络。到 1945 年拥有车辆 151 辆，员工 500 名，成为日本排名第一的卡车运输企业。但是，第二次世界大战后，卡车运输的大环境发生了很大的变化。经济快速增长带来的道路网的整备改良，长途运输逐渐取代铁路运输成为运输业的主要力量。此时，雅玛多运

输执着于关东圈内的路线运输，没有及时地开展长途运输。之后在1957年雅玛多申请了东京大阪间的路线许可，并于1959年取得许可，1960年在大阪设立分店，比起行业的其他竞争对手已经晚了整整5年。

(2) 多元化和大件货物运输，利润率低下

在长途运输市场起步晚了的雅玛多运输，尝试通过多元化的道路来改善经营。例如，货代、百货店配送、航空、海运、包装等业务都做过尝试，但是都没有起色，更糟糕的是一直作为公司骨干业务的商业货物卡车配送的收益也开始减少。雅玛多运输拒绝了成本高、收费高的小件货物，优先与大件货物的货主签订了合同，结果利润率比竞争企业低了很多。

(3) 开始检讨个人快递市场

此时，逆向思维的小仓昌男社长开始探索面向个人快递的可能性。当时邮政小包裹每年大约有1.9亿个，铁道小包裹每年大约6000万个，共计2.5亿个。假如说一个500日元，那么就是1250亿日元的市场，但是损益分歧点不清楚成了最大的烦恼。

(4) 在曼哈顿的灵光一闪

1973年，小仓昌男社长到美国出差时，在纽约曼哈顿看到了运输企业UPS配货的情景。物流网络的损益分歧点非常重要，配送车辆单位也有损益分歧点。每天到底可以收集配送多少个货物，取决于这辆车负责的区域面积。也就是说，一辆车的成本和这辆车每天收取配送货物的数量如果可以计算的话，损益分歧点就可以计算。此时，小仓昌男感到快递业务一定会成功，回国之后向雅玛多运输的相关人员提出了自己的想法。

(5) 从11个快件开始

1976年1月，雅玛多运输的“宅急便”快递业务开始了。第一

天经手的货物有 11 个。当年的货物总量有 170.5 万个。1977 年、1978 年、1979 年的货物总量分别为 540 万个、1088 万个、2226 万个。然后 1981 年、1986 年的货物分别达到了 5062 万个、2.3099 亿个。最初在东京 23 区提供服务，3 年后扩展到了日本国土面积的 27.4%，人口比例的 74.8%。到 1980 年时，其总量已经与铁道小包裹的数量相当。

(6) 其他竞争者的参与，市场竞争白热化

20 世纪 80 年代，由于快递市场前景看好，其他的竞争企业也开始参入进来，包括佐川急便、日本通运等 35 个公司，市场竞争日趋白热化。次日配送开始在日本全国扩大，快递配送点数量急剧增多，快递市场飞速地发展起来。雅玛多运输为了应对快递产业构造的变化，不断地对快递业务进行新市场和新产品的创新。

(7) 与行政的斗争

1980 年左右，雅玛多运输的营业区域偏向于关东一带。在申请营业区域扩大的时候，被当时的运输省以其他运输从业者反对为由延期路线许可证的发行。1986 年，雅玛多运输对当时的运输大臣提起了诉讼，同时借助舆论的力量，促使运输省颁发了路线许可证，扩大了营业区域，为其以后的发展奠定了基础。

(8) 差异化战略

雅玛多运输从 1981 年开始实施“经营 3 年基本计划”，具体包括完成快递全国网络的铺设、次日配送区域的扩大、作业体制的设立 3 个方面。利用 3 个 3 年，共计 9 年来完成这个经营计划，使公司的服务网络更加便利。

(9) 集中化战略

随着快递业务的扩大，雅玛多运输从以往的商业货物运输业务

领域开始撤退。

(10) 业态化战略

雅玛多运输将硬件、软件、人力资源三者统合，建立起了新的快递业务系统，使收货、运输、配送系统相连接，完善了整个系统。

(11) 新商品开发战略

1983年，雅玛多运输开发了滑雪“宅急便”，1984年开发了高尔夫“宅急便”，1986年开发了上门收件“宅急便”，1987年开发了冷藏“宅急便”等快递业务。雅玛多运输的新产品开发开拓了新的市场，取得了压倒性的市场份额。

2.2 日本商业快递市场的扩大与发展

2.2.1 商业市场的扩大

在1990年之前可以称为“个人快递市场的成立期”。在这个时间段，雅玛多运输面向个人快递的商品开发基本完成，实质上全国的快递运输网络也基本完成。1990年之后是个人快递向商业货物转移的时期。另外，1990年运输行业“物流二法”的实施也成了标志性的事件。

物流业的一般特征是货主从属性和参与容易性。也就是说物流业是很容易进入的，很难形成差异性，结果就形成了货主的买方市场。特别是伴随着1990年“物流二法”开始的简政放权，日本卡车运输业10年间每年以1500家公司的速度增加，而与此相反，货物的运送需要却减少了。

雅玛多运输的个人快递市场对于货主的依存度很低，货主比较分散，所以对货主没有从属性。更重要的是对于个人消费者为对象的快递形成了一定的市场规模后，对于大批量货主，如百货店等商业货物货主来说，也形成了货主从属性低的性质。

综观日本整个快递产业，1990 年以后在个人快递的基础上，商业货物的重新加入维持了货物总体个数的增加。在这个时期，日本经济陷入了持续低迷的状况，几乎所有的企业都开始实施的“轻薄短小化”等原因也造成了商业货物市场开始成为快递市场的货物来源。企业开始减少库存，强调“必要的时间，必要的货物，必要的数量”，企业发货的制品变得相当轻量，每个货物都在 30 千克以内，因此理所当然地成了快递服务的对象。另外，对采购时间缩短的要求，使得快递的次日配送、指定时间配送服务变得必不可少。因此，20 世纪 90 年代以后，快递产业依旧维持了持续快速成长。

2.2.2 佐川急便的参与和网络购物的跃进

1998 年，有两个事件意味着雅玛多运输的优越地位可能出现了动摇。这两个事件就是佐川急便的参与和迅速成长、网络购物的发展引起的大型发货人的登场。

(1) 佐川急便的参与

如上所述，雅玛多运输从个人快递市场开始进入商业货物领域，这个领域正好是佐川急便最擅长的领域。1990 年以后雅玛多运输的发货人有 70%是小件商业货物的货主，这也促使了佐川急便开始进入了快递领域。同时，佐川急便如此解释：“到目前为止，佐川急便的各个分公司的运输费用体系各不相同，进入快递领域，可以使运输费用体系更加清晰。”由于 30 千克以下的小件商业货物一直都是佐川急便擅长的领域，所以说佐川急便进入快递领域后很快业绩就增长起来，货物的总量也迅速与雅玛多运输相接近。

(2) 网络购物的跃进

网络购物迅速发展起来，传统的网络购物再加上产地直送等新的商业模式迅速普及起来，网络零售行业对于快递产业的影响有两个方面：一方面小件货物的数量增加了；另一方面由于网络零售行业的货主的小件货物的密度比较高，所以对于快递行业的议价能力增强了。快递市场由雅玛多运输一强的时代进入了二强的时代，快递企业的可替代性增强了。

2.2.3 快递市场的“三国争霸时代”

从2012年日本国土交通省的数据来看，快递市场份额和总量，分别为雅玛多运输14.8754亿个，市场份额为42.7%；佐川急便13.5651亿个，市场份额为38.9%；日本邮便为3.8221亿个，市场份额为10.9%。

日本邮政集团在日本全国有2.4万个邮政局，18万个邮筒。虽然邮政集团拥有如此丰富的物流网络资产，但是市场份额才为10.9%，与快递业界第一位的雅玛多运输和第二位的佐川急便相比，还有非常大的差距。为了抢占快递市场份额，日本邮政集团于2010年收购了日本通运的快递业务部门。此外，日本政治推动了日本邮政集团的民营化，2015年邮政株式会社实现了上市。

日本邮政集团面对迅速增长的快递市场，开始利用自己的优势展开反攻，日本的快递市场进入了“三国争霸的时代”。

2.2.4 快递市场的“战国时代”拉开帷幕

在排名前三位的快递服务企业的混战中还出现了下克上的局面。2014年，网络零售企业25家企业联合起来组成了“快递研究会”，共享信息、共同发展。各个企业虽然规模小，但是联合起来一年1亿多个的货物数量也是不容忽视的。从2012年起，佐川急便开始了大型货物的运输服务。另外，日本的多家便利店也开始进军快递物流行业，此后进入快递产业“战国时代”。

2.3 日本国际快递的形成与发展

2.3.1 国际文件快递

日本的国际快递是从1979年作为美国快递企业国际化的一环诞生并且快速发展起来的。

原来的空运货物都是从机场到机场的。随着取货送货体系、通关手续的改善以及货物追踪系统的整备，更加高度的门对门快递服务成为可能。国际快递发展的最初阶段的货物就是过去航空运输的船运单证。最初国际文件快递都是利用使者运输的。国际文件的对象为船运单证、合同文件、商品目录、设计图纸、企业业务文件等，重量大约在1千克以下，可以说是发挥着信息传递的功能。

2.3.2 国际小包裹快递

从国际小包裹的流通机能来看，从日本发出的一般航空货物为成品、半成品的电子机器、机械部件，这些货物能够承担起较高的运费是因为它们具有较高的附加值。另外，国际小包裹还包括紧急情况的运输或者商品样品的运输等普通国际商品运输的补充运输行为。因此，与一般国际航空货物的150千克相比，国际小包裹的平均重量为50～60千克。

此后，随着日本消费者生活的国际化，“在自己家里购买世界货物”的需求增大。日本运输省提出建立提供门到门的国际小包裹快递服务系统。1988 年以后百货店开始跟国际快递企业联合起来，展开了这种面向个人的进口业务。为了促进国际快递的利用，丰富商品的购买渠道，促进贸易收支平衡和经济结构的变革，日本政府积极地推行了相应的政策。

另外，每年有 1000 万的海外旅行者也开始利用国际快递邮寄当地土特产。国际快递作为减少随身行李的一种方法抓住了旅行者的需要，其便利的服务普及性非常广泛。

2.3.3 国际快递物流解决方案

从 1998 年开始，日本通运株式会社与 FedEx 联合起来进军国际市场，这种联合浪潮的最大的理由就是物流需要的变化。汽车、计算机、通信设备、精密机器以及各种电子产品这样的高端制造商完成了全球化、多国籍化的发展，需要在世界中分散地开展制品零件的生产。各种零部件、产成品需要在全世界的工厂无国界地交叉生产，同时需要削减在库成本，需要保证交货时间，因此少批量、多频率的高效物流管理的能力是必需的。在这种背景下，第三方物流及供应链管理等高品质的运输管理商业模式就诞生了。

快递企业也开始整备全国各地的物流中心，提供综合性的物流服务。快递从以顾客到顾客为中心，逐渐发展到企业到企业、企业到顾客的服务，并且持续保持着高速增长。例如，雅玛多运输也开始在中国的上海、香港，以及新加坡、马来西亚等地展开国际快递业务。

2.4 总 结

日本最先推出个人快递服务的公司是雅玛多运输，之后随着日本物流行业的变化，雅玛多运输开始进军商业快递领域。看到快递领域的高利润之后，许多运输公司都进入了快递领域，竞争非常激烈。佐川急便进入快递领域虽然比雅玛多运输晚了二十年，但是凭借其在商业领域小件货物运输的优势，迅速成长为日本快递领域的第二名。2010年日本邮政开始提供快递服务，日本快递产业的竞争日趋激烈。同时，日本的便利店等企业也加入了快递业务领域的竞争。

日本国际快递的发展是作为美国快递企业国际化的一个环节发展起来的。最初的国际快递业务主要是针对文件的运输，逐渐地在企业国际化等大环境下，国际小包裹快递迅猛地发展起来。2010年，为了适应日益激烈的国际化竞争，日本的快递企业开始布局国际快递网络。为了适应国际制造业寻求零在库生产的需要，日本快递企业利用其在快递领域积累的成功经验参入国际物流行业。目前，快递产业、邮政产业以及货代产业的边界线越来越模糊。

近几十年，信息网络的发展非常迅速。日本运输产业积极地推进信息化的革新。可以说快递产业的成长主要依赖信息网络技术的革新。同时由于技术革新而取得成功的快递产业产生强大的成长力，给经济社会各种各样的领域都带来了非常大的影响，如产地直送、简政放权、网络零售等。

日本快递产业最初的发展主要是夺取日本原来的邮政小包裹和铁道托运行李的市场，然后通过不断地创造新的市场，急速地发展高尔夫快递服务、滑雪快递服务、机场快递服务等。

快递这种高品质的运输服务，主要是在信息技术网络的基础上进行创新的。第一，快递的迅速性主要依赖道路网络的扩大、货物分拣中心的建设以及高速的自动化分拣设备。第二，快递的便利性主要是由于MCA无线网络的发展（电话接单系统、MCA自动化数据传送系统、车辆状况确认系统）、快递网点的扩大等。第三，快递的安全准确性主要由于货物追踪系统的发展。第四，网上系统、物流中心系统等也确保了快递的迅速性、便利性和安全准确性。

第3章

欧美快递产业的形成和发展

3.1 美国快递市场的竞争格局

本书围绕 FedEx 的成长历程，阐述美国快递市场的形成和发展。随着信息技术革命带来的物流信息系统创新，国际快递商业模式飞速地创新发展。同时，物流企业的兼并重组促进了世界物流企业的升级。本书详细阐述美国航空快递市场的形成、发展和目前竞争格局。

欧美的快递市场由两个方面构成：Parcel Delivery（包裹递送）市场和 Express Delivery（快递）市场。提供包裹递送服务的代表性的企业是 UPS，提供快递服务最具代表性的企业是 FedEx。从两家企业的发展历史来看，UPS 最初是一个卡车运输公司，20 世纪 80 年代，随着航空运输产业的简政放权，UPS 开始拥有自己的航空运输机，成为目前世界上最具代表性的综合型物流企业。FedEx 最初提供的就是航空运输服务，在美国国内提供次日配送的快递服务，紧接着建立起陆地上的运输网络，成为在世界市场上提供快递服务的代表性的综合型物流企业。

美国的包裹递送市场主要由 UPS、FedEx、United States Postal Service（USPS 美国邮政）、Airborne 空中快递和 DHL 五家公司构成。过去几十年间，小件货物配送产业不断地在进行合并。美国的快递市场主要有 UPS、FedEx、Menlo Worldwide（万络环球）、BAX

Global（伯灵顿全球）四家企业构成。美国的快递服务产业，是在20世纪60年代为了应对迅速并且信赖性高的文件配送服务需要的急增而出现的。随后，伴随着小件货物和普通货物领域的扩张、货物追踪技术的发展及无在库生产和实时物流服务的需要，快递服务产业变得越来越重要。另外，网络和网购的成长也促进了快递产业的成长。

随着美国市场2～3日的快速配送服务需要的增加，FedEx拓展了自己的陆地运输网络。随着这种美国主要都市间的快速配送竞争的白热化，UPS提高了自己陆地配送网络的效率性。此外，UPS和FedEx在配送服务以外还提供其他附加价值的服务。例如，UPS为美国国内和海外的大型企业提供供应链管理SCM服务，成立了零售业配送、物流和金融服务三个独立部门。在国际市场上，FedEx和UPS开始开展货代事业，利用自己的航空路线为自己的客户群体提供专业化的物流服务、通关代理服务、仓储服务、物流信息服务等。综合型物流服务提供商能够提供的服务范围越来越广，分界线越来越模糊，因此，货代公司、运输产业和物流管理产业之间的竞争越来越激烈。

与此同时，随着快递服务竞争的激烈化，邮政也开始进入了这个领域，如Canada Post Corp.（加拿大邮政）、Deutsche Post AG（德国邮政）、La Post（France法国邮政）、Japan Post（日本邮政）、TPG Post（Netherlands荷兰邮政）、Sweden Post（瑞典邮政）、Consignia plc（U. K. 英国邮政）。

3.2 Integrator是什么

3.2.1 航空邮政的发展

Integrator（综合型物流企业）指的不仅是拥有航空运货机等运

输工具，还发挥着货代机能的物流从业者，Integrator 是可以提供一贯运输服务的物流企业。而国际快递指的是提供门到门的服务，但是不一定有航空货物运输机。代表性的 Integrator 就是美国的 UPS 和 FedEx，提供综合性的国际物流服务的物流企业。

随着美国的简政放权，许多物流公司纷纷进军航空快递市场。运用轴辐式物流网络的运输系统快速成长起来，最具代表性的就是 UPS 和 FedEx。轴辐式物流网络运输系统就是把美国各地收取的货物先放到中心机场进行分拣，用飞机运送到目的地地方机场，进行次日配送的系统，利用物流信息系统可以对货物进行追踪。

美国航空领域的简政放权，产生了诸如 UPS 和 FedEx 这样的 Integrator。在欧洲邮政民营化背景下，邮政公司并购国际快递事业逐渐发展成了 Integrator。具有代表性的就是德国邮政民营化后将 DHL 并购，荷兰邮政将 TNT 并购后确立了 Integrator 的地位。

第二次世界大战后，促使航空运输机商业化的就是邮政搬运业务。1917 年，美国议会试验性地进行邮政飞行，可是坠落事故却时常发生。用飞机运货的魅力众所周知，所以即使有飞行事故，航空邮政业务也没有停止发展的步伐。1921 年出现了一个飞跃，邮政部门试验美国大陆横断邮政搬运飞行，从洛杉矶到纽约用了 33 小时 20 分钟，打破了以往的纪录。此次美国大陆横断飞行的成功，为此后安全准确的飞行奠定了基础。此后美国政府投入大量资金进行基础建设，支持美国大陆横断飞行。

这里需要提到的就是美国西部航空。当时美国西部航空提出了“空中的邮政配送，确实！直达！每日！”的口号，开始了邮政飞行业务。此后其他公司开始进入航空邮递领域，价格竞争也非常激烈。其中，波音公司就是利用低价格抢占市场，最后逐渐发展成了美国近代航空行业的巨人。

3.2.2 对应 speed 时代的 Express Service

史密斯（Fred Smith）参加过越南战争，完成过230次的战争任务。15岁拿到了飞行驾驶许可证，祖父是经营河上船运工具的，父亲经营过美国州与州之间的路线大巴，可以说出生在与运输事业非常密切的家庭。经历过残酷的战争，怀抱着对社会做出贡献的热切希望，史密斯抱着必胜的决心踏入快递物流领域的商业经营中。

在20世纪70年代，美国国内计算机信息技术发展日新月异，各个企业的事业都进入了飞速的革新和成长时代。这个时候的史密斯迅速地捕捉到企业对速度的要求这个商机，提出了“次日配送”这一理念并开始考虑利用飞机来进行运货。众所周知，后来史密斯的公司FedEx建立起了世界范围内的快递配送网络。

在此之前，另外一家公司DHL也开始了同样的业务。DHL的创始人也是对当时的航空邮政服务感到不满，同时看到了许多商务人士和企业也对当时的邮政配送速度不满，捕捉到了邮政业务与航空货物之间的空隙市场，开始在洛杉矶和夏威夷之间利用飞机运输一些船运单证，他们自己收集货物并且运输配送货物。对于货主来说，通过DHL确实能够将船运单据快速地配送到货船目的地，并因此减少了保管费、仓库费等费用。虽然快递费用稍微贵一些，但是总体的费用减少了很多。所以说DHL的服务对于货主企业来说创造了很大的附加价值。DHL的运送服务受到了很大的欢迎，因此服务范围很快扩展到了全世界：1971年菲律宾、日本等亚洲国家及中国香港地区，1974年欧洲，1977年南美，1978年非洲、中东，1983年东欧，1986年中国内地。由此可见，DHL发展势头凶猛。

FedEx 的发展也是非常迅速的，在美国田纳西州的孟菲斯设立了巨大的集货机场，从全美国乃至全世界收集货物，然后进行国内、国际分拣货物，最后用飞机在夜空中运到各个目的地。FedEx 提出了‘绝对的，确实的，次日配送”的口号，并且以绝对的自信完成了这个口号。

20 世纪 90 年代，全世界基本上普及了计算机，并且完成了信息系统的建设。在这种情况下，生产企业的竞争力也开始依赖计算机和信息系统的先进性。在这个时代 Logistics（物流）理论也开始被提出并应用到生产过程中。在生产过程中，必要的材料和零部件在必要的时候，按照必要的数量运达，削减库存并且不能断货等对物流系统提出了更高的要求。与这个时代步调相一致的就是承担起流通革命的 FedEx 和 DHL 等公司，顺应时代潮流诞生并且成了时代的宠儿。

3.2.3 Integrator 和国际快递

随着企业活动的国际化，航空货物运输需要越来越高。FedEx、UPS、DHL、TNT 等国际 Integrator 就变得越来越活跃。

(1) 国际快递的历史

国际快递的发展，是在卡特政权时代，针对运输行业进行的简政放权。1977 年美国制定了 *Cargo Reform Act*，航空货物运输行业的参入限制被废止了，美国航空货物运送事业开始了自由化。美国的小包裹服务企业向航空运输行业进化。

另外，卡车速递企业也开始拥有自己的飞机，开始进入国际快递市场。UPS 就是一个典型的代表，另外，还有 TNT 等从邮政事业的企业开始进入了国际快递市场。

国际航空货物市场引人注目的就是DHL、FedEx、UPS等为代表的快递服务公司，也可以称为Integrator，直接从货主到货主的门对门的航空运输或者卡车运输的组合，同时也提供通关服务等国际一贯运送服务。Integrator的强有力的竞争力和惊人的成长速度引起了业界广泛的关注。业界以各个国家政府的邮政服务非常慢的文件和小包裹为核心，以速度为中心展开了物流网络的建设。虽然各个公司的物流网络有所不同，但是细致的服务网络和高度的运输频率是不可或缺的。大规模的辐射式物流网络系统开始在世界的各个据点建设起来，拥有一定的货物运输机和一定的卡车，开展起了国际快递服务。

（2）Integrator的特征

Integrator从两个方面对国际航空货物市场造成了很大的冲击。Integrator利用之前，原来的空运货物都是从机场到机场的。随着取货送货体系、通关手续的改善以及货物追踪系统的整备，更加高度的门对门快递服务成为可能。

Integrator利用大型货物飞机运输货物，为了有效利用航空运输空间，开始进入了一般货物运输的领域。由于其拥有非常完备的物流网络，所以规模和速度对竞争对手造成了威胁。另外，Integrator提供门到门的快速的一贯的服务，并且拥有货物追踪计算机系统。因此，对国际航空市场的货代企业造成了地位上的威胁。

Integrator非常棘手的问题是成本。Integrator以高附加值的小件商品为对象提供迅速的运输服务，因此全部的操作系统都是以高成本为前提设计起来的。所以货物运输的数量如果不够多就无法盈利。物流网络和速度的效率越高，成本就越高。当时美国和欧洲高速的经济成长促进了Integrtor的高速成长。目前，世界经济的增长开始钝化，Integrator 就不得不面对这个高成本的问题。另外，大规模的运输网络是必需的，所以大多数 Integrator 很难在这个世界上共存。所以 M&A（企业并购）就变得不可或缺。因此，目前只剩下 3～4 家 Integrator 企业。

3.2.4 Integrator 的国际快递受欢迎的理由

(1) 速度

Integrator 利用自己企业的物流网络来进行运输配送服务。一般情况下，运输公司运货的时候，都要经过代理店。但是 Integrator 将这一道手续由自己的企业来负责，当然运输时间就短了。

(2) 门对门的物流服务

刚开始，一提到货物运输最重要的部分就是搬运和运输服务。Integrator 提供的快速安全可靠的门到门服务这一点如今看起来是非常理所应当的事情，当时却是划时代的。

(3) 运送费用的问题

先不管费用是高是低，DHL 和 FedEx 的运送费用是全包费用。在之前，在航空货物运输中，通关费用和运送费用是分开的。发货人和收货人要处理的环节非常多，最后合计起来才是运输费用，非常难把握。但是 Integrator 提供的国际快递是全包费用，出口国、进口国的国内运输费用、通关费用全部包含在内，付费也是一次性统一付费，非常简单，所以运输费用非常容易把握。同时，货物追踪完全系统化，货物在哪个环节都可以查询，现在看起来理所应当，但当时邮政企业确实需要另外付费的。

(4) 国际快递物流解决方案

汽车、计算机、通信设备、精密机器以及各种电子产品这样的高端制造业完成了全球化、多国际化的发展，需要在世界各地分散地开展产品零部件的生产。各种零部件、产成品需要在全世界的工厂进行无国界的交叉生产，同时需要削减在库成本，需要保证交货时间，因此少批量、多频率的高度的物流管理能力是非常必要的。在这种背景下，第三方物流以及供应链管理等高品质的运输管理商业模式就诞生了。一般航空货物，单体都比较大，一直以来都是缓慢运输，这也是最合适的运输方法。航空货物把运输工具由轮船改为飞机，飞机的速度并没有充分地被利用起来。Integrator 的国际快递服务就是对单体比较小的货物提供门到门的服务，快速地实现对不同的众多货主的配送服务。从发货人、收货人的角度来看，国际快递的特征对于分布在海外各地的生产据点来说，是具有战略层面的意义的。特别是对于高科技关联产品等生命周期比较短的生产，零部件产品的在库削减尤为重要，因此国际快递所能提供的即时配送是非常必要的。所以 DHL 和 FedEx 等企业的发展速度是非常惊人的。

(5) 渗透到个人层面的国际快递

经常利用国际快递的是企业。但是到了圣诞节等节假日，个人快递货物就会激增。向海外的朋友送圣诞节礼物等，国际快递比较容易操作，而且 Integrator 的国际快递服务能够准确地按时送到，所以国际快递受到了个人利用者的喜爱和欢迎。不管是企业还是个人，今后国际快递会逐渐全球化发展。

3.3 总结

进入 20 世纪 60 年代以后，生产模式由大规模生产逐渐转变为少量、多频率生产模式，美国经济逐步向服务业和高新技术产业转型。许多产业开始把制造工厂转移到大城市的郊区，把办公地点设在中央商务区以招揽优质人才。这样一来，中高层管理技术人员和产品制造的分离就产生了一个问题，就是如何迅速、安全、可靠地运输各种信息和货物，特别是时间性很强的高新技术产品。当时，传统的邮政传递服务和货物运输公司都远远不能满足这种需求，于是一种能够提供快速、可靠的货物运输服务的快递业便产生了。

快递业在今天已经被我们所熟悉。但是在当时 FedEx 推出了全美国翌日到达的门到门航空快递服务，是具有划时代意义的。在最初的阶段，由于美国政府对航空运输业的管制以及 FedEx 自身对市场和客户分析的不足，业务发展并不是很顺利。随着 FedEx 对美国市场发展分析的深入以及美国政府对航空运输业限制的解除，FedEx的经营状况逐渐好转。另外 1974 年 UPS 的员工长期罢工，也给 FedEx 的发展提供了迅速发展公司业务的好机会。到了 20 世纪 70 年代末到 80 年代初，FedEx 逐渐成了时代的宠儿，发展势头迅猛。

在这种背景下，美国其他的货运公司开始学习联邦快递的商业模式，其中 UPS 也开始从一个卡车公司向航空包裹运输业进军，美国邮政管理局也开始推行自己的隔夜递送邮政服务。

在国内取得辉煌成果之后，FedEx 通过并购活动开始迅速进行海外网络的铺设。到 20 世纪 80 年代末期，FedEx 已经向全世界 90 个国家和地区提供服务，成为全球隔夜快递业的龙头企业。

进入 20 世纪 90 年代以后，国际资本市场并购与上市风起云涌，对国际物流行业也产生了深远的影响，也因此诞生了一些新兴的物流集团。全球快递行业逐渐呈现出四大巨头垄断的局面，分别为 UPS、FedEx、DHL、TNT。其中 FedEx 在市场占有率方面一直保持着领先地位。

Integrator 整合了陆地运输网络和空中运输网络，为客户提供门到门的快速准确的服务，不管是在商业快递领域还是个人快递领域都受到了客户的广泛支持。分析欧美的国内快递市场和国际快递市场的形成和发展，其实也就是分析 Integrator 的形成和发展。

第4章

国际快递企业的商业模式创新

4.1 商业模式创新理论简介

迄今为止，有多位学者从组织进化论、创新理论及商业模式理论方面分析了快递企业的发展历程。本书从商业模式进化理论方面对各国快递企业的发展做详细分析。组织进化论把企业比喻成人体，把企业的组织创新比喻成人体组织的进化。创新理论不断地破坏旧的形式，创造新的形式。商业模式理论更注重从企业的各个组成部分对企业进行详细分析。在以上各种理论的基础上，商业模式创新理论形成了。

Afuah Allan 对商业模式理论进行了阐述后，又阐述了商业模式创新理论。在建立在组织进化论、创新理论及商业模式理论对快递企业分析的先行研究的基础上，有必要对快递企业从商业模式创新理论的视角进行分析，对国际快递企业的发展战略进行更为深入的解析。

本书的理论框架建立在 Afuah Allan 的商业模式创新理论基础上，对国际著名快递公司雅玛多运输、佐川急便、FedEx、UPS 进行案例分析。四家公司都经历了三个阶段的商业模式创新，简单总结一下分别为快递前史、快递商业模式创新、供应链管理解决方案商业模式创新（SCM Solution Business Model Innovation）。通过商业模式创新理论框架分析，得出了四个结论以及需要开展的具体工作。

4.2 国际快递企业的商业模式创新类型

Afuah Allan① 把商业模式创新分为四种类型，分别为 Position Building Type、Regular Type、Capability Building Type 和 Revolutionary Type。现在的国际快递企业都经历了三个阶段的历史发展，即快递事业前期的与运输相关的业务（快递前史），快递商业模式和供应链管理解决方案商业模式。本书把美国 FedEx、UPS，日本雅玛多运输、佐川急便作为分析对象。分析框架可以归纳如下（图 10）。

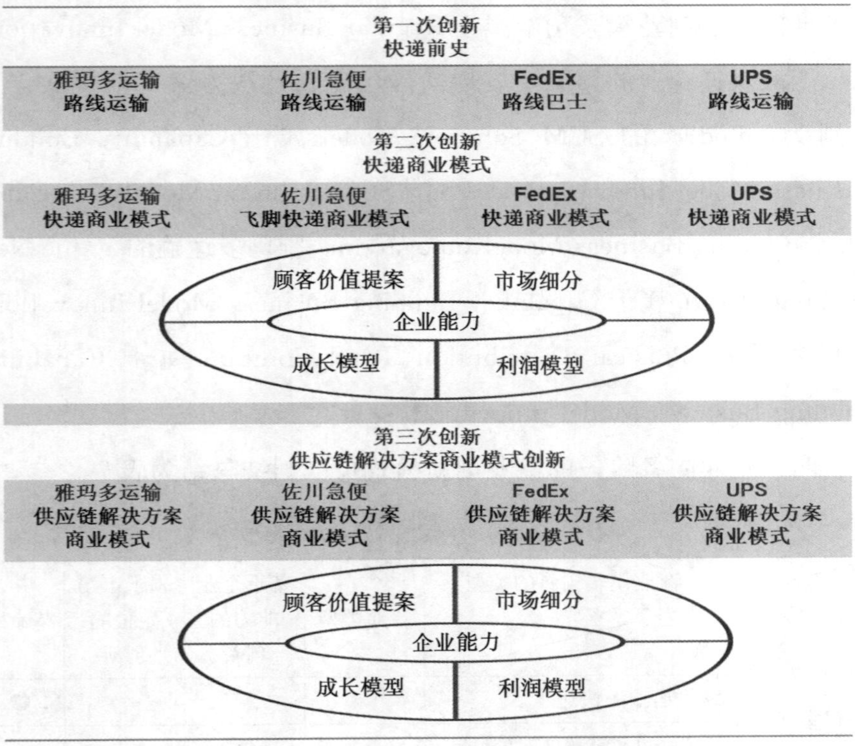

图 10 快递企业的三次商业模式创新

① Afuah Allan, *Business Model Innovation: Concepts, Analysis, and Cases*, Routledge, 2014.

四个企业的快递前史分别为FedEx的路线巴士时代、UPS的区间路线运输时代、雅玛多运输的区间路线运输时代、佐川急便的区间路线运输时代。

针对四家快递企业的第二个发展阶段快递商业模式分别为：FedEx的快递商业模式创新属于Revolutionary Business Model Innovation。UPS的快递商业模式创新分为两个领域，即Parcel领域和国际快递领域属于Revolutionary Business Model Innovation，Express领域属于Regular Business Model Innovation。雅玛多运输的快递商业模式创新属于Revolutionary Business Model Innovation。佐川急便的快递商业模式创新属于Regular Business Model Innovation。

四家快递企业的第三个发展阶段供应链解决方案商业模式创新分别为：FedEx的SCM Solution Model属于Capability Building Business Model Innovation。UPS的SCM Solution Model属于Capability Building Business Model Innovation。雅玛多运输的Value Networking Design属于Capability Building Business Model Innovation。佐川急便的Phisical Distribution Total Solution属于Capability Building Business Model Innovation。

四家企业的各阶段的商业创新模式可以归纳总结为表7。

表7　快递企业的商业模式创新类型

公司名称 \ 商业模式创新的类型		普通类型	基于企业能力的创新	基于市场定位的创新	革命式
雅玛多运输	路线运输⇒快递				●
	快递⇒供应链解决方案构想		●		
佐川急便	路线运输⇒快递	●			
	快递⇒供应链解决方案		●		

续表

公司名称 \ 商业模式创新的类型			普通类型	基于企业能力的创新	基于市场定位的创新	革命式
FedEx	美国国内快递					●
	美国国内快递⇒国际快递					●
	快递⇒供应链解决方案			●		
UPS	路线运输⇒快递	包裹				●
		特快	●			
	美国国内快递⇒国际快递					●
	快递⇒供应链解决方案			●		

4.3 总 结

快递企业的商业模式创新是在外部环境影响下进行的。外界环境包括企业所面临的 ICT 环境和宏观环境，另外还包括政府简政放权带来的影响。快递企业的商业模式分析包括五个要素，分别为 Customer Value Proposal、Market Segment、Profit Model、Growth Model、Capability。

本书提出以下论点并加以论证：

论点1 快递从业者的商业模式创新是由快递服务的竞争优势和快递从业者的 Capability 决定的。基于 Afuah Allan 的 Business Model Innovation 的四个类型的分类，具体展开案例分析。

论点2 快递从业者的 Business Model Innovation 受企业所处环境的重大影响，特别是受 ICT 环境的影响非常大。根据 Afuah Allan 的 Business Model Innovation 中的经营环境模型，针对快递从业者的快递商业模式和 SCM Solution Business 展开的环境进行分析。

论点 3　快递从业者的 Business Model Innovation 受快递从业者的 Business model 构成要素的影响非常大。根据 Afuah Allan 的 Business Model 的构成要素模型，分别对快递从业者的五个要素（Customer Value Proposal、Market Segment、Profit Model、Growth Model、Capability）进行分析。

论点 4　新进入现代快递产业的企业，或者进入新兴市场的时候，以上三个论点是非常重要的。各家快递从业者进入中国、印度等市场的时候，以上三个条件是非常必要的，这个论点作为今后的研究课题展开是非常必要的。

通过理论和案例分析，我们清晰地看出了国际快递企业的发展三个商业模式创新阶段。每一个阶段的创新都是在宏观环境的影响下发生的。如果想要进一步分析快递企业的商业模式，需要针对每一个企业进行五个构成要素的分析。另外，分析四家国际知名快递企业的商业模式创新对于我国的快递产业的发展具有重大的启示作用。同时，四家国际知名快递企业进入中国和印度等发展中国家市场时，也必须对其做相同的假设和分析。

第5章

美国UPS商业模式创新

5.1 简 介

美国UPS的发展历程是当今世界上国际快递企业发展成长的一个缩影。随着美国经济的高速发展和政府简政放权的推进，美国UPS发展成现在世界规模的著名国际快递企业。对美国UPS的商业模式创新的深入研究会给中国快递企业的发展带来重大的启示作用。

UPS经过了多次的业务调整，服务范围越来越广，却始终坚持为顾客提供最优质服务的品牌经营理念。1991年，UPS的愿景是"成为包裹运输行业领先的公司"。1999年，UPS将其愿景转变为"全球电子商务推动者"。2001年，UPS开始强调"全球商务同步协调"。全球商务同步协调就是整合物流、信息流、资金流的全方位解决方案，UPS的这项创新服务让公司摆脱了单纯运送货物的定位，为客户提供了在供应链上下游商业交易中更完整的货品的传递导入信息和金融服务管理，即向供应链解决方案提供商的角色迈进。

电子商务战略使UPS能在全球范围内快速达成使命。UPS在电子商务技术开发和基础设施建设领域进行巨额的投资为自己的网站以及企业的各个部门提供在线功能。电子商务战略不仅让顾客更好地了解包裹的去向，同时也帮助UPS实现了全球业务同步。

UPS将物理世界和虚拟世界整合成一体，创新了新的价值链模式，与客户直接合作开发解决方案，与合作伙伴开展合作，将传统的包裹递送服务扩大到提供完整的解决方案，帮助中小电子商务公司拓展全球业务。

本书把 UPS 的商业模式创新分成三个阶段来进行分析，分别是区间路线配送时代、快递商业模式创新和供应链解决方案商业模式创新。

5.2 UPS 的区间路线配送时代

很难想象今天遍布全世界 200 个国家的巨大企业 UPS 是 1907 年 19 岁的青年吉姆从朋友那儿借了 100 美元成立的。他贯彻执行了“想顾客之所想，24 小时服务，以绝对的、确实的配送服务赢得客户的信赖，低配送费用”的经营方针，在竞争中取得了胜利。“优质服务和最低费用”这一宗旨，到目前为止仍然被继承了下来。1913 年，美国邮政管理局才开始邮政包裹配送业务，UPS 的包裹配送业务比美国邮政管理局（USPS）还要早 5 年。同年，UPS 开始了针对一般零售商的商品配送服务，1918 年针对西雅图的 3 个百货公司开始了配送服务，也就是说在那个时候 UPS 已经开始了目前非常流行的拼箱物流配送服务。

1919 年，UPS 把配送网络从西雅图地区扩展到了奥克兰和加利福尼亚，公司名称也正式变更为今天的 UPS（United Parcel Service）。在这个时候美国家庭开始普及电话和私人汽车，人们热衷于在大型购物商场购物，UPS 也开始进军零售店，面向个人消费者进行配送服务。

1922 年，UPS 取得了当时创新性的业务“一般运输服务”的经营权。所谓的“一般运输服务”就是包括分拣、运费到付、无法配送货物的返还、每周结账等与其他运输服务具有差异化的运输服务。UPS 以和邮局包裹同样的运费开始了大范围的运输服务。为了加强营业网络和营业服务，UPS 建立了坚固的陆上运输网络，直到今天也是公司的优势所在。1920 年到 1930 年，UPS 在洛杉矶、旧金山等美国各地开设了营业网络。1929 年，UPS 还创立了当时极为少见的连接美国西海岸各大都市的航空线路，开始了“联合航空速递”服务，这一服务由于同年的“大恐慌”于 1931 年结束。随着 1930 年美国经济的复苏，UPS 抓住机遇获得了飞速的发展，配送网络覆盖了美国西海岸主要的都市。

现在，美国小包裹运输市场自由化发展，但是 1950 年私人企业的小包裹运输受到美国各个州的州立法的限制，通常需要通过好几个运输公司才能够把货物送达目的地。以 UPS 为代表的运输公司积极推动运输法律的变革，在 20 世纪 50 年代到 20 世纪 70 年代实现了全美各都市相同的运输法律的变革，也称作“黄金链接”。到 1953 年，航空货物运输又开始被利用起来，UPS 开始了航空速递服务。随着 20 世纪 70 年代后期开始的美国国内航空运输产业的简政放权，UPS 的航空运输服务开始把网络铺设到美国全国各地。

5.3 UPS 的快递（国内、国际）商业模式创新（1950—1995 年）

针对 UPS 的快递（国内、国际）商业模式创新，我们从 UPS 的快递（国内、国际）商业模式创新的类型、UPS 的快递（国内、国际）商业模式创新的经营环境和 UPS 的快递（国内、国际）商业模式创新的商业模式构成要素三个方面进行分析。

5.3.1 UPS 快递商业模式创新的类型

UPS 的快递商业模式创新属于划时代的商业模式创新，比美国邮政还要早 5 年进入小包裹快递市场。UPS 提供了比美国邮政和美国铁路还要优质的服务，成了 Parcel Delivery（包裹递送）的代名词。此外，UPS 对 Express 领域的进入属于普通的商业模式创新。20 世纪 80 年代，随着美国航空小批量货物运输需要的增长，各家运输公司相继购买飞机进行货物配送，开展航空速递业务。UPS 进入 Express Delivery（快递）领域的时候，FedEx 已经进行了划时代的 Express Delivery（快递）商业模式创新。

5.3.2 UPS 的快递商业模式创新的经营环境分析

UPS 的商业模式创新是在小批量货物运输的需要增加等行业经营环境的影响下进行的，也是在顺应经营环境的形势下，进入了 Parcel Delivery 市场。UPS 在 1950 年以后，利用飞机的货物舱进行航空包裹运输，当时 FedEx 的快递事业使整个运输行业的市场环境发生了重大的变化，促使 UPS 不得不进行变革，而同时反过来看，这也给予了 UPS 的事业发展一个重大的契机。1978 年以后，美国联邦政府开始推动航空产业的简政放权，使得 UPS 等运输公司从美国联邦航空局取得自营飞机的运营许可证书，之后成为美国航空史上发展最为迅速的航空公司之一。

20 世纪 80 年代后期到 20 世纪 90 年代，由 FedEx 主导的运输业统合者开始进行围绕隔日航空配送为中心的快递服务的激烈竞争，促使快递航空业迅猛地发展起来。

重视配送速度、物流业务的外包、物流理论的发展、兼并重组、邮政事业的自由化等经营环境，使得 UPS 进入了 Express Delivery 经营领域。此外，计算机的普及、网络零售、自动识别技术、货物追踪系统等 ICT 环境也推动了快递运输行业的创新。

UPS 经历了 1980 年的汽车运送事业法（*Motor Carrier Act*）、1994 年的卡车运输产业管制改革法（*Trucking Industry Regulatory Reform Act*）、1995 年的美国联邦政府 ICC（Interstate Commerce Commission，州际通商委员会）组织的废止等美国联邦政府简政放权等一系列事情。还有 1997 年制定了 *Cargo Reform Act*，自此美国国内航空运输事业开始自由进入化。各快递运输行业开始购买自己的飞机，并且把网络拓展到了国际快递市场。

5.3.3 快递商业模式（美国国内、国际）商业模式构成要素

以较低的价格提供优质的快递配送服务是 UPS 最基本的顾客价值提案。通过全球化的轴辐式物流网络进行配送密度的提高取得配送的效率化是 UPS 最基本的收益模式，通过兼并重组等进入国际市场是 UPS 的最基本的成长模式。UPS 的企业资源包括高品质的物流中心、高效的物流情报系统、揽货配送等组织能力、小批量货物运输的经验积累等无形资产。

(1) UPS 运输网络

1985 年，UPS 把隔日航空配送网络拓展到了美国全国 48 个州。同年，UPS 和欧洲的 6 个国家签订了国际航空运输协议。1988 年，UPS 从美国联邦航空局取得了自营飞机运输许可，正式成为航空货运公司，航空运输业务持续扩大。1989 年，UPS 开始在德国国内从事航空运输业务。

(2) UPS 物流信息系统

1992 年，UPS 开始对所有的陆上运输货物进行物流追踪。1994 年，UPS. com 系统开始向消费者提供运输途中的货物信息。1995 年，UPS 在公司的主页上开始提供货物追踪系统功能。在 UPS 的管理理论中，人们只要具有出库和货物追踪系统的专门知识，就可以在国际商务中取得成功，因为 UPS 在商务贸易当中完成了 3 个流动，即货物、信息和资本流动的统一。UPS 航空货运开发了“COMPASS”（Computerized Operation Monitoring Planning & Scheduling System）这种先进的运航信息系统。这种 COMPASS 系统从运航计划开始到运航日程设计、路线选择为止可以自动地计算出最有效的方法，甚至提前 6 年就可以把运航计划给设计出来。

(3) UPS 组织构造

UPS 的企业文化重视公司员工的诚实正直、忠诚、献身精神。企业管理层大多都是从美国各个州提拔起来的基层员工，常年一起工作的经历使得他们相互之间非常信赖。由于兼并重组，UPS 从外部引进的人才增多，就必须培养他们的主人翁精神，给予外部人才同样的提升机会。UPS 高层管理者不论公司业绩的好坏与否，外部经营环境的变化有无，都对公司前进的方向持有坚定的价值观。这种价值观包括习惯、知道、印象、故事等，并通过这些价值观形成战略信息指导实际的业务，形成组织与战略、运营等的平衡，人才开发、运营预测、持续创新、业务流程改进的动力，最终促使全体员工的意识统一。

另外，向公司员工分配公司股份是 UPS 的基本做法，公司员工和公司利益共享，公司员工更加具有坚定的意志，能够长期为企业的成功效力。每一位员工都是公司的拥有者和伙伴，在此种意识形态下，UPS 公司的企业文化更加牢固。

(4) UPS 的多元化经营战略

UPS 是从公司战略出发进行企业兼并、设立新型业态的公司。通过兼并重组开始提供供应链解决方案。1995 年，UPS 物流集团设立，提供全球供应链解决方案和咨询服务。同年，UPS 兼并了 Sonic Air，开始提供次日配送业务，第二天早晨 8 点前能够保证配送到达。1988 年成立 UPS Capital 公司提供综合型的金融产品和服务。

2001 年，UPS 兼并了世界上最大的商务连锁便利店 Mail Box Etc，开始了零售商业业务。之后两年内实现了 3000 家所有便利店改称为 The UPS Store，并且提供有竞争力的 UPS 运输服务价格。

5.4 UPS 的供应链解决方案商业模式创新（1995 年至今）

针对 UPS 的供应链解决方案商业模式创新，我们从 UPS 的供应链解决方案商业模式创新的类型、UPS 的供应链解决方案商业模式创新的经营环境和 UPS 的供应链解决方案的商业模式构成要素三个方面进行分析。

5.4.1 UPS 的供应链解决方案商业模式创新的类型

UPS 公司从快递商业模式向供应链解决商业模式的创新属于基于企业经营资源和经营能力的商业模式创新。这种商业模式创新不会影响现有产品的竞争优势，但是会促进企业改善现有的企业经营资源和经营能力。

5.4.2 UPS的供应链解决方案商业模式创新的经营环境分析

随着快递配送业务对速度的重视、物流业务的外包倾向、兼并重组及邮递业务的简政放权和市场自由化、网络零售业务的发展、自动识别技术的应用、物流追踪系统的开发、航空运输市场的自由化等，UPS等物流综合服务提供者、邮政事业体系和物流货代业之间的区别和界限越来越模糊，物流领域的竞争越来越激烈。另外，多数国际企业的全球化展开、零库存物流管理的发展都促使快递物流企业进入了供应链解决方案领域。

UPS在全球范围内进行商业活动奠定了其一流商业从业者的地位，它积极地发展世界范围内的客户，提供有效率的物流服务。目前，UPS的零部件物流服务合作伙伴涉及IBM、惠普、通用等大型跨国企业。UPS提供的服务从修理、配送到保管等复合的一条龙物流服务。UPS成了被众多企业信赖的快递公司，并逐渐发展到了集“商品、信息、资本控制为一体的全球商务活动企业”。UPS能够针对顾客需要提供顾客满意度高的服务，有无法比拟的顾客应对能力，可以提供从快递配送到物流的一条龙管理以及金融服务等各种各样的供应链解决方案。

5.4.3 UPS的供应链解决方案商业模式构成要素

UPS对于网络零售业者等客户提供的整体化一条龙等客户价值提案是非常优秀的。针对BtoB和BtoC等商业货物市场进行的供应链解决方案非常成功，市场定位非常准确。零部件仓库供应链服务等针对高附加价值的企业提供的解决方案带来了非常好的收益模式。其成长模式主要是靠对法人市场的积极开拓和对国际市场的积极展开战略形成的。支持这些企业的资源和能力包括硬件基础设施完备的物流中心、高度的物流信息系统和软件基础设施、完备的揽货配送组织能力、企业员工的育成、优秀的企业文化、快递配送业务的核心竞争力等无形资产。

(1) UPS 的供应链解决方案业务

全世界范围内的小件货物和运输系统的物流追踪系统作业并不是很容易。但是，随着跨国企业全球化生产的趋势，生产企业越来越要求能够在需要的时候可以简单地、随时地拿到自己需要的零部件。针对世界规模的零部件出入库作业和供应链管理非常繁杂的场合，UPS 供应链解决方案的 Flex Global View 系统可以发挥其强大的作用。多种运输方式灵活运用的场合也可以准确地把握物流整体的状况，及时地获取情报，支持客户的需要，在激烈竞争中把握住了商业机会。利用 UPS 的供应链解决方案系统，生产企业可以在出库及吨公里等重要的时间、地点准确地把握住信息并且做灵活的应对工作。

(2) UPS 的货物追踪系统

通过 Flex Global View 系统输入出货单的编号，跨国企业就可以知道运输公司的名称及货物配送时配送员的署名等货物单据的详细信息。为了保证货物顺利地通过国界，跨国企业可以运用 UPS 的供应链解决方案的通关服务，通过这种服务系统可以及时获得海关出具的所有通关信息。

(3) 供应商管理

UPS 的供应链解决方案的供应商管理服务，可以对收货方的订单状况全程进行监控。为了便于收货方的管理，该管理服务可以设置重要业绩评级指标，追踪供应商的供货活动，并且可以做比较。

(4) 在库管理

通过 Flex Global View 系统跨国企业可以对保管货架的剩余货物和卖出货物数量进行追踪。通过对 UPS 的资财管理和在库管理配送活动的灵活运用，跨国企业可以对物流中心的在库进行监控，可以更加有效地下订单，并且减少在库过剩情况的发生。

(5) 支持小企业发展的物流解决方案

为了支持小企业特别是网络零售企业的发展，UPS 提供专门知识使小企业的业务流程合理化，改善客户体验，并且支持小企业的国际贸易成长。利用 UPS 的值得信赖的高度运输服务、网上货物出库、追踪功能可以实现非常高的客户满意度。UPS 还提供退货流程合理化、在库产品最大限度盘活利用等供应链解决方案，促进中小企业供应链整体的有效运营。

5.5 案 例

5.5.1 UPS 的供应链金融

UPS 是一家综合性公司。除了传统的包裹运输快递业务，它还拥有 UPS 物流集团和 UPS 金融中心，是具有代表性的综合性的供应链管理公司。

1993 年，UPS 以全球物流的名义推出了供应链管理服务。1998 年，UPS 金融中心通过收购美国的一家银行而成立。成立于 2002 年 UPS 供应链解决方案公司，为大型采购商和许多供应商提供商品物流服务，UPS 金融中心利用这一点切入物流和商品供应链，为供应商提供仓储服务、应收账款质押、货物质押等多种供应链金融服务，后期业务逐步拓展到提供信用保险、货物保险、中小企业贷款等金融服务领域。

UPS 利用其物流服务提供商和金融服务提供商的双重身份参与到供应链金融服务当中，拓展业务。2002 年，UPS Capital 与中国数家银行合作，推出“UPS 全球供应链金融方案”，依托企业稳定的经营能力和良好的信誉度，依托上下游合作伙伴的库存质押或是应收账款质押来提供融资服务。

UPS Capital 是物流企业主导的供应链金融服务，UPS 利用其在供应链中的核心竞争力和主导优势，可以整体的控制着供应链上下游整体的价格、商品和订单等关键的信息，同时结合 UPS 自身和作为金融机构在资本方面的优势拓展供应链金融服务。

5.5.2 与 IBM 公司合作

IBM 的深圳制造厂生产的产品需要送到全球数十个国家和地区，与 UPS 合作之后，IBM 生产出来的货物出厂后，客户系统就将数据传到 UPS 总部，UPS 会在规定的时间将产品送到指定地点。

UPS 将 IT 维护外包给 IBM，将公司的主要力量集中到一些终端的研发、客户端应用系统研发等上面。IBM 与 UPS 合作后，研发了供应链解决方案。

5.5.3 与甲骨文公司合作

UPS 通过及时采用甲骨文电子商务解决方案，实现了由传统物流企业向电子商务物流企业的跨越，为全球范围内的客户提供高品质的包裹递送服务。

自从 1995 年 UPS 采用甲骨文应用软件构建电子商务系统之后，UPS 的所有客户都可以通过网络浏览器从 UPS 供应链的每个成员中找到自己所需要的商品、下订单，并且立即获得快速可靠的快递服务。借助甲骨文电子商务解决方案，UPS 还向顾客和供应商提供包裹运输和递送的追踪服务。

5.5.4 与惠普公司合作

1999 年 5 月，UPS 与惠普公司合作开发了全球第一个用数字方式在网上传送和追踪纸面文件的系统。UPS 与惠普公司成立了一家合资公司，UPS 文件交换公司，为顾客提供数字扫描、以电子化的方式通过互联网传送文件。此外，UPS 还提供专业保证的法律文件和发票的网上安全传送服务。

5.5.5 与阿里巴巴集团合作

2010 年，UPS 与阿里巴巴集团控股有限公司（简称阿里巴巴集团）建立战略联盟。阿里巴巴旗下的全球速卖通平台整合 UPS 运输技术，让客户享受到在线管理货运和在线追踪等优质服务。通过 UPS 的订单追踪功能，全球速卖通的买家和卖家能够全程追踪和查询货物状态。

UPS 利用庞大的地面递送和空中网络，为阿里巴巴集团提供全面专业的在库管理、货运以及供应链解决方案服务，协助中国的中小企业在全球范围内拓展新的市场，推动中国电子商务的发展。

第6章

美国 FedEx 商业模式创新

6.1 简 介

FedEx 在 20 世纪 70 年代末 80 年代初迅速崛起。“隔夜快递”是 FedEx 的经营原则，确保了 FedEx 在全球的领先地位。FedEx 从一开始就认定，没有人会拒绝“隔夜速递”这种优质、快速、安全的服务。随着风险资本的注入，FedEx 迅速扩张起来。在美国国内取得辉煌成果之后，FedEx 迅速通过一系列收购活动进行海外扩张。FedEx 为客户不断提供各种增值服务方案，使客户能够更准确地掌控物流进程，对市场变化进行及时响应。同时，FedEx 通过强大的空中和陆地网络以及先进的信息技术网络，为全球的客户提供个性化的供应链解决方案。

FedEx 的客户来自不同行业不同地区，所以各个客户的需求是不同的。为了能够给客户提供有针对性的服务，FedEx 成立了 FedEx Service，这个部门专门为 FedEx 量身打造了与 FedEx 公司本身的相符合的一系列配套的实体网络和虚拟网络，针对企业最难解决的物流供应链管理系统量身定做物流解决方案。旨在帮助客户群体缩短销售和物流流程，削减和控制物流成本。从而使其客户可以集中精力发展其核心竞争力方面的业务。

FedEx 不仅仅是一家航空快递运输公司，其拥有强大的信息技术网络、丰富的专业经验以及遍布全球的快递网络，可以为不同的客户提供综合物流解决方案，是美国 Integrator（综合型物流企业）的代表性企业。FedEx 首先巩固强化了公司整体物流体系的提升建设，并且通过联合 FedEx 在不同领域的子公司共同打造提供综合性的物流供应链服务。为客户打造全方位的增值快递服务物流解决方案。

在信息系统上，FedEx 将美国国内的货物运输物流信息系统进一步扩展到了所有国际货物快递运输商，包括自动仓储、指纹扫描、分拣技术、产品跟踪和决策软件工具等。这些解决方案从商品原材料环节流向市场或者最终消费者的供应链，帮助客户改进了业绩，真正实现了物流企业与客户的双赢。

如今，电子商务已经成为全球最具活力的经济增长和拉动点，各跨国企业都把发展电子商务提上日程。FedEx 也适时地提出了发展电子商务的战略，其代表型的电子商务系统包括邮件跟踪、查询系统以及地面运行系统。

本书把 UPS 的商业模式创新分成三个阶段来进行分析，分别是 FedEx 的前身、快递（美国国内、国际）商业模式创新和供应链解决方案商业模式创新。

6.2　FedEx 的前身

史密斯出生于 1944 年 8 月，父亲经营巴士公司，祖父是蒸汽船的船长，史密斯家族一直从事交通运输业。史密斯毕业于耶鲁大学，曾当过海军和参加过越南战争。在孟菲斯大学和耶鲁大学接触的是有钱的特权阶层，在越南战争中接触到了下层士兵和越南的农民，并且获得了部下的支持，为他以后创立 FedEx、理解一般从业人员奠定了基础。同时，越南战争中的各种苦难经历，给了他日后几次把FedEx 从破产边缘线拖出来走向辉煌的勇气。

1969 年 8 月，史密斯开始运用父亲的遗产开拓自己的事业。在竞争激烈的运输领域，史密斯发挥了杰出的才能。他运用自己的资金不断地购入飞机，为 FedEx 的成立一步一步地做了扎实的准备。

史密斯在耶鲁大学的时候就构想了 FedEx 的运输网络，hub and spork（辐射式物流网络）。但是当时几乎没有人觉得这个构想是有价值的。1965 年，史密斯提出的关于运输网络构想的报告，已经非常接近现在 FedEx 的运输网络模型。他认为适用于运送旅客的运输系统并不适用于运输货物。因为货物增加无法带来成本的下降。所以货物运输网络必须不同于旅客运输网络，需要进行特别的设计。但是当年这个构想并没有引起耶鲁大学教授的注意，甚至被认为仅仅是一个华丽的构想，没有充分的准备，并且给了史密斯“C”的评价成绩。

史密斯在报告中写到，针对需要优先处理的货物、药品、计算机零部件、电子设备等配送时间决定胜负的小件货物，提供高品质的服务，会有非常大的市场。利用夜间运行货物专用飞机，首先把全国的货物集中到中央分拣中心，在短时间内按照目的地进行分类，然后用飞机运到目的地。再进一步，成立配备收集货物的卡车、人力，从收集货物开始到配送为止的一条龙服务的公司是非常必要的。

6.3 FedEx 快递（美国国内、国际）商业模式创新（1973—1995 年）

针对 FedEx 快递（国内、国际）商业模式创新，我们从 FedEx

快递（国内、国际）商业模式创新的类型、FedEx 快递（国内、国际）商业模式创新的经营环境和 FedEx 快递（国内、国际）商业模式创新的商业模式构成要素三个方面进行分析。

6.3.1 FedEx 快递商业模式创新的类型

FedEx 的美国国内快递商业模式和国际快递商业模式的创新类型属于具有划时代意义的商业模式创新，即商业模式创新带来的对既存商品的竞争优越性的减少非常高，商业模式创新对既存的企业能力的陈腐化程度带来的影响非常高。

FedEx 的 Express 服务在快递市场是非常具有划时代意义的服务。FedEx 1973 年开始提供服务，比起 USPS 的邮政小包和 UPS 的 Parcel 服务更加优越，成了 Express 的代名词。创业者史密斯创立了与家族企业完全不同的商业模式。

6.3.2 FedEx 快递商业模式创新的企业环境

(1) 美国的简政放权

20 世纪 70 年代的美国，随着计算机等信息处理器的导入，各个企业的事业都进入了加速革新的时代。这个时候的史密斯已经认识到所有的企业都会越来越关注速度。“尽量地快速”开始转换成为“即刻”。事实证明，史密斯的“即刻”概念取得了胜利，目前 FedEx成了在全世界展开配送网络的公司。

1978 年美国颁布了《航空公司规制缓和法》(*Airline Deregulation Act*)。1980 年，美国政府颁布了《汽车运送事业法》（*Motor Carrier Act*）；1994 年，美国政府颁布了《卡车运送产业改革法》(*Trucking Industry Regulatory Reform Act*)；1995 年年末联邦政

府规制主体的 ICC（Interstate Commerce Commission，州际通商委员会）废止。

基于以上原因，卡车 TL（Truck load）运输业者在简政放权后迅速增长起来。混载卡车 LTL（Less-Than-Truckload）运输业者开始进入寡占时代（排名前三位的公司为 Yellow Freight System、Roadway Express、CF Motor Freight）。

1997 年制定了 *Cargo Reform Act*（货物运输行业改革方案），参入管制被废除，美国国内航空货物运输事业进入自由竞争时代。另外，国际快递也追随自由化的脚步迅速发展，卡车速递运输公司开始购入飞机，进入国际快递市场的案例相继出现，UPS 就是其中的代表性企业之一。另外，航空货代公司开始进入国际快递领域的案例也出现了，如 DHL 和 TNT。FedEx 和 UPS 是美国的综合型物流企业（Integrator）。

Integrator（综合型物流企业）采用的是 hub and spork 一体化运输系统，并且在全球范围内展开业务。运输网络的展开方法，就是自己构筑运输网络。FedEx 和 UPS 都是利用了美国的 OpenSky 政策，在全球范围内构筑了 hub dan spork 运输网络。

(2) 邮政民营化

最近，各个国家开始了邮政民营化，各个国家的邮政事业者又重新进入了快递领域。

(3) 信息化系统

物流信息化系统给供应链管理和物流管理带来了很大的效果，体现在通过提高预测精准度来削减在库、无纸化、货物追踪系统、供货时间的缩短等各个方面。具体来讲，它包括配车系统、求车求货系统、货物追踪系统、电子包装、GPS 定位卡车运行系统、物流

EDI系统等，这些都是以构筑供应链管理为中心的商业模型的重要的要素和企业资源。

6.3.3 FedEx快递商业模式的构成要素

(1) 顾客价值提案

FedEx在进入快递市场的时候，并没有用低价格战略来进行市场竞争。与之相反，比当时的快递速度更加便捷，更加准确地来运输货物，集中力量来满足这部分客户的需求。把注意力放在“必须要解决的问题”来构筑商业模式，FedEx获得了竞争优势。

(2) 市场细分

史密斯最初成立FedEx的原因，是他意识到几乎所有的航空运输行业的运输路径都无法满足对时间有高度要求的货物的要求。1973年4月17日，FedEx营业的第一天夜间，就同时启动了14架货运飞机，同时从孟菲斯国际机场起飞，向美国25个城市，次日配送了186件货物。1975年7月，虽然还没有实现赢利，但是却成为配送速度最快的公司。法人客户、一部分私人客户，都非常高兴为这种能够准确送达的服务支付相对高价的费用。自此，FedEx就成了迅速货物配送的代名词。FedEx公司对于流程控制做了大量的投资，即被称为COSMOS（Customer Operation Service Master Online System）的集中型计算机系统的构筑。这个系统可以追踪控制货物配送的所有环节，客户自己也可以通过系统查询货物的状态。

FedEx公司最睿智的地方，可以说是以追求准确性的商业客户为市场目标定位，即运用自有飞机，在需要配送的时间能够按时并且以良好的货物状态送达。在此基础上，FedEx公司给每个公司员工配备了手持扫描仪，为客户开发了可以查询货物状态的系统。通过这些系统，客户可以及时追踪货物最近的动态、货物内部的温度、目前所在的场所、阳光照射状况等。可以说 FedEx 公司在公司业务整体范围内不停地进行创新，利用最先进的技术使公司服务迅速化，为公司的客户提供更高质量的服务，取得了很大的成功。把服务当作商品，促进了服务贸易的成长。其中的一个创新就是 FedEx 的线上包裹追踪系统。通过导入追踪系统，即使没有公司的介入，客户自己打印运单也没有任何问题。这种创新带来了现实意义的利益。FedEx 公司减少了向客户传达送货到货等信息的费用。创新的结果带来了高度的客户满意度、成本的减少等，同时还不会发生贸易中断、服务品质下降，能够处理的货物数量也大幅增加。另外，客户自己直接填写运单，必要的时候可以追踪货物的状态，客户本身就参与到了全体流程的管理当中。

6.3.4 FedEx 快递商业模式创新的成长模式

FedEx 成功的秘密就是革新、竞争中取胜、履行革新、组织的革新、革新和行动这五个方面的培养。FedEx 不断培养公司员工的创新能力，为公司员工的持续成长创造了安全的环境，使员工创造性地合作。

20 世纪 80 年代，小件货物市场呈现出异常活跃的状态。新的企业不断进入，大型航空公司也都开始投入大量精力做小件市场。FedEx 在几年前已经开始明确确立了小件货物市场的战略方针，奠定了自己在小件货物市场的霸权地位。在竞争对手进入小件货物市场之前，FedEx 已经取得了客户的信赖。

6.3.5 FedEx 快递商业模式创新的收益模式

FedEx 公司的优势在于拥有超过 660 多架运货飞机，由此连接起世界220多个国家和地区的运输网络。在全球展开了 hub and spork 运输网络。FedEx公司在1980年后半年开始进入国际市场。并且建立起了陆地网络和航空网络的连接。随着跨国公司的全球化展开、网络的普及和电子商务的发展，企业寻求无缝连接的运输网络和迅速准确的运送。FedEx的经营模式正好适应了这种趋势。

6.3.6 FedEx快递商业模式创新的企业资源

(1) FedEx的运输网络

到1982年，FedEx在美国的主要都市都实现了承诺的次日10点30分之前配送，受到了客户的赞扬，公司业绩迅速成长起来。FedEx投入大量的资金开发了货物追踪系统，建立起了 hub and spork 运输网络，彻底推进了航空货物的成本控制和运送效率。从1985年开始，FedEx公司利用自有的货物飞机开始拓展欧洲市场，1988年开始了与日本之间的货物配送航班，1989年收购了航空货物公司FlyingTiger，成为世界上规模最大的航空货物运输公司。到了20世纪90年代，随着亚洲经济的迅速成长，FedEx奠定了在亚太地区的商业基盘，成为其拓展全球市场的重要一笔。2000年前后，FedEx与 Amazon、USPS等企业联合起来，继续拓展其全球范围内的配送网络。

(2) FedEx的信息系统

1979年，FedEx导入了COSMOS系统，实时监控车辆、人、路线、天气等的中央计算机系统。这成为FedEx公司货物追踪系统的基干。1980年，FedEx导入了DADS（Digitally Assisted Dispatch System）系统，因为这是音控管理系统，所以如果运货司机不在的时候，就无法传递信息；1984 年，导入了自动出货系统（PowerShip 系统），加快了运送的速度；1986 年，导入了 SuperTracker 系统；1987 年向大客户配备了带有打印机的专用终端，把客户和公司的信息系统 COSMOS 连接起来，再通过运货司机的手持终端，真正地实现了实时追踪货物的轨迹；同时，FedEx 通过 EDI 链接，使委托配送货物的企业也可以利用该系统；1989 年，将国内和国外的网络实现了无缝连接，FedEx. com 线上追踪系统开始使用。

(3) 重视员工的作用

FedEx 重视员工的作用，把员工视为企业最有价值的资源。

首先，FedEx 的 SFA［Survey（调查）、Feedback（反馈）、Action（行动）］法则需要员工与他们的主管共同参与，及时发现存在的问题，从而找到好办法解决已经出现的问题。SFA 将 FedEx 的企业管理和人力资源管理中几个至关重要的环节联系了起来。SFA 将一家企业业务的三个组成部分：人员、服务和效益互相制约保持平衡，并且形成一个很好的联合体；SFA 能够检验出企业的提供的工作氛围是不是企业员工真正需要并且被喜欢的；SFA 通过问题的发现、问题的分析和问题的解决来有目的的发挥改善公司经营的作用。

其次，对于 FedEx 的员工来说，培训是生活和工作中必不可少的一部分。员工的举止、笑容、仪表等都会得到专门的培训。培训包括新员工的培训和员工职业生涯的设计等。

再次，FedEx 是一个很重视沟通的企业，双向沟通是员工管理的重要内容之一。FedEx 通过调研反馈行动、联邦快递电视网络沟通来进行实时的双向沟通。

最后，为了有效激发员工工作的积极性，FedEx 常会对员工寄予厚望，重视公司的内部提拔以及拥有众多的奖励方式。

6.4 FedEx：SCM 解决方案商业模式创新（1995 年至今）

针对 FedEx 的 SCM（国内、国际）商业模式创新，我们从 FedEx 的 SCM 商业模式创新的类型、FedEx 的 SCM 商业模式创新的经营环境和 FedEx 的 SCM 商业模式创新的商业模式构成要素三个方面进行分析。

6.4.1 SCM 解决方案商业模式创新的类型

SCM 解决方案商业模式创新属于在企业资源的基础上进行的创新。FedEx 利用已有的建立在速递服务基础上积累的经验，开始了 SCM 解决方案商业模式创新。原有的快递服务和目前的 SCM 解决方案服务同时展开。

6.4.2 FedEx：SCM 解决方案商业模式创新的经营环境分析

一体化快递业务和邮政业务重叠的部分越来越多。目前，在美国所有的邮局都设置了 FedEx 的快递箱。国际航空货物市场受人瞩目的一体化快递业务提供者提供的是门到门的服务，提供航空运输和卡车运输及通关等一体化服务。一体化快递服务提供者最大的优势就是速度。一方面，最初是因为各国政府提供的邮政服务速度非常慢，所以 FedEx 提供这种门到门的航空速递服务，以速度为基础建立起了全球范围内的运输网络；另一方面，一体化快递服务提供商最头疼的就是成本，必须建立起既有速度又可以提高效率的全球化的配送网络。所以，目前全世界的一体化服务提供商只有三四家生存下来了。不过，最近这种一体化快递服务提供商又出现了竞争对手，因为各国政府都开始进行邮政服务的改革，提高邮政服务的效率。

20 世纪 90 年代以后，客户对零库存的需要越来越高，运输中的商品或者零部件的准确定位和精准配送的要求也越来越高。FedEx 顺应这个需要提供了可靠的物流服务。100％的客户满意度、100％的按时配送、100％反馈客户提出的问题。1992 年前后，除了配送服务以外，FedEx 还开始提供以仓库管理为中心的物流方面的外包服务，成立了 FedEx 物流服务公司。例如，零部件仓库服务，就是按照客户指定的要求配送客户需要的零部件。FedEx 代替客户进行在库管理，使客户的固定费用投资减少，特别是对于在全球范围内开展业务的客户是非常有吸引力的。

6.4.3 FedEx：SCM 解决方案商业模式创新的构成要素

(1) 顾客价值提案

FedEx 针对不同地区、不同类型的客户进行了个性化的供应链解决方案。例如，医疗保健解决方案、温度管理运输解决方案、监控和可视化服务、供应链管理方案、出库和退货解决方案以及在线零售解决方案等，具体如下：

①医疗保健解决方案。健康保健行业的所有货物都是非常紧急的。医药品、研究用样品等都是附加价值比较高的货物，对货物的监督和安全性要求非常高。FedEx 针对此类的货物提供满足各种要求的供应链管理服务。

②温度管理运输解决方案。健康保健行业的许多药品在运输过

程中都需要维持在一定的温度范围内。另外，冷藏冷冻、生鲜商品也需要在运送过程中控制温度。FedEx 针对此类货物提供定制化解决方案服务。

③监控和可视化服务。许多重要的商品，不仅要按时配送，还需要提供从货物出库到配送的过程中货物的状态。针对此类货物，FedEx 提供了先进的追踪、监控和可视化解决方案。

④供应链管理方案。客户把物流业务外包，集中进行自己的核心业务以在竞争中取胜。FedEx 将客户的极为重要的物流业务进行最卓越的管理，提高客户的业务效率和利益。FedEx 的物流服务严格遵守配送时间，可以对高价值的商品进行在库管理，提供一体化的解决方案服务。

⑤出库和退货解决方案。FedEx 提供医疗产品的出库和退货解决方案。

⑥在线零售解决主案。FedEx 针对网上零售提供供应链解决方案。网络贸易必须建立在客户满意的基础之上。FedEx 的供应链解决方案团队具有丰富的经验，为每个客户提供他们需要的解决方案。FedEx 提供的这种电子商务与供应链结合的解决方案既有效，使用起来又简单。利用 FedEx 的服务，客户可以进行在库的追踪和不必要在库的削减。利用全球范围内的运输网络，FedEx 可以满足各种各栏的客户的不同需求。

(2) 成长模式

FedEx 将国内运输网络与国外运输网络链接，将空运网络与陆路运输网络链接，形成无缝连接的全球运输网络，向全球的客户提供供应链解决方案。

(3) 收益模式

FedEx 利用 hub and spork 模式，在全球范围内快速成长。首先在美国各地收集货物，集中运送到一个机场，集中进行分拣货，然后运往各地的机场。以前需要许多个公司合作进行的运输工作全部都由 FedEx 一家公司完成，这是一种可以追踪货物状态的一体化管理模式。

(4) 企业资源

FedEx 整备了全球范围的基础设施，可以为客户提供全面的外包物流服务，包括流通、在库管理、订货、交货、付款等全部的功能。例如，为全球化经营的国际企业提供零部件仓库服务等。FedEx 提供了全球飞机场的仓库保管服务、人才、计算机系统等各个领域的支持，帮助客户拓展全球业务。

6.5 案 例

6.5.1 FedEx 的亚太新电子商务战略

FedEx 的亚太新电子商务服务为经营网上零售、从事货物管理和采购的公司提供了特别的解决方案。

(1) 网上订货系统

通过 FedEx 的网上订货系统，零售商可以很简单地设立一个电子商店，为自身的客户提供货物展示、促销活动等优质服务。客户在网上可以付款并且享受 FedEx 提供的快递服务。

(2) 货物监控系统

利用 FedEx 的货物监控系统，客户使用订单号码能够进行运输并且可以监控货物在运输过程中的情况。

(3) 全球库存显示系统

利用 FedEx 的电子库存管理系统，客户可以享受到 FedEx 的仓储服务，并可在世界任何地方查看库存状况。客户也可以在网上订货并通过 FedEx 的仓库直接获取货物。

(4) 电子商务平台

FedEx 的电子商务平台为买卖双方提供了一个电子交易平台，并且提供仓储运输等一条龙服务。

6.5.2 与戴尔公司的合作

FedEx 的供应链解决方案可以提升企业整体的运营效率。FedEx 为戴尔公司量身定制了全球范围内的一体化物流供应链解决方案。FedEx 为戴尔公司提供总体成本最低、物流速度最快捷、品质保证最安全的供应链解决方案。具有代表性的服务就是，FedEx 将戴尔公司在美国本土和马来西亚的整机和零部件中心分为制造中心和供应中心两大部分，可以响应全球任何地区、任何数量、任何时间、任何方式的对戴尔整机和零部件的需求，助力戴尔公司实现了对客户的"成功、质量和服务"的承诺。

6.5.3 FedEx 的增值服务

FedEx 为客户提供高附加值增值服务，可以为顾客节省物流费用，缩短产品流程，FedEx 的高附加值增值服务主要包括以下几种：

(1) 一条龙的维修加运送服务

一条龙的维修加运送服务，主要针对商品的售后服务，回收损坏的商品，并负责维修保养，之后送还给商品所有者。

(2) 零售环节及仓储服务

FedEx 可代替企业用户接受订单、进行客户服务处理以及提供仓储服务等。

(3) 简化流程服务

FedEx 利用其在全球范围内庞大的物流供应链网络，助力其客户实现了在全球范围内多个地点之间的产品零部件调配和运输流程的整合，为其客户设计最优化的物流配送流程，帮助客户节约了时间，并保证成本最小化。

6.5.4 与美国国家半导体公司的合作

FedEx 的物流信息系统帮助改善了供应链的业绩。其中最典型的应用案例是 FedEx 在美国国家半导体公司位于新加坡仓库的物流信息管理系统，这套信息管理系统有效减少了仓储量，节省了货物运输时间。

在 FedEx 物流管理体系中的美国国家半导体公司新加坡仓库物流信息管理系统，是由 FedEx 的技术人员设计开发的。仓库管理员只需像挥动木棒一样用一台扫描仪扫描一箱箱新制造的电脑芯片，即可启动高效的和自动化的、几乎像魔术般的运货程序。

FedEx 的物流信息管理系统将这些芯片发往码头，然后送上卡车和飞机，接着又是卡车，在短短的 12 个小时内，这些芯片就会被送到国家半导体公司的客户——硅谷的个人电脑制造商手中。在整个芯片运输途中，芯片中嵌入的电子标签使客户可以准确地追踪货物的状态。

6.5.5 中小企业物流电子化方案

FedEx 利用其强大的网站为中小企业提供电子化物流解决方案，包括“全球贸易管理系统”“电子商务构筑系统”“小企业中心”“我的 FedEx”等服务。

“全球贸易管理系统”可以为FedEx的客户免费提供国际快递物流需要的文件、国际快递物流过程中应该遵守的规章制度等服务。这对于中小企业是非常便利的服务。中小企业可以随时了解自己的货物在国际快递物流过程中需要填写的单证、货物目前到达的地点，提前进行通关等一系列手续的准备，避免了时间上的浪费，提高了国际物流供应链整体的效率。

“电子商务构筑系统”为FedEx的中小企业客户搭建了一个非常实用的优秀平台，FedEx的中小企业客户可以利用FedEx的网络建立一个虚拟的商务活动空间，为中小企业的国际商务展开和发展起到了推动的作用。

“小企业中心”为FedEx的中小企业客户之间的沟通交流搭建了平台和支持系统，在此，中小企业可以查询各种行业信息，并且可以对这些行业信息进行及时的处理。

“我的FedEx”为FedEx的中小企业客户提供了定制浏览方式、与FedEx网站实时交流等服务。FedEx与中小企业客户之间的沟通交流更加的及时紧密，FedEx可以更加迅速准确的捕捉中小企业客户的最新需求。

6.5.6 与微软的合作

2020年5月18日，FedEx和微软达成了新的多年合作计划意向。FedEx将其优秀的全球数字和物流网络与微软的功能性云技术完美结合，旨在帮助其客户实现商业创新和转型。FedEx和微软将使用数据和分析来解决这个问题，帮助客户重新打造商业体验中最关键的物流供应链领域，使客户能够在当今竞争日益激烈的数字化环境中更好的发展并胜出。

当天，FedEx 和微软推出了合作开发的第一个解决方案：FedEx Surround。FedEx Surround 解决方案，利用数据化工具，实现了几乎为企业提供实时货物追踪、数据分析等作用，使供应链接近于可视化，帮助企业能够进行更加精确更加实时的物流管理、运输管理以及仓储管理。

FedEx Surround 提供的有益之处将扩展至任何拥有供应链的企业，特别是某些对商品交付时间要求更加精确的客户。例如，医院需要在有限的时间内接受到包裹来拯救生命。大型生产工厂需要迅速更换生产线的零部件来保证制造工厂不会停工。

这一史无前例的数据驱动洞察力将为 FedEx 客户提供尽早开始的机会，在物流放缓之前介入供应链并采取行动，以缩小不同环节之间的成本和摩擦。FedEx 建立在分析过去的趋势的基础上，确定将来简化物流运输的方法，进而创造更强大、更具弹性的商业生态系统。

第7章

日本雅玛多运输商业模式创新

7.1 简 介

目前日本的快递业务市场份额占有量前三名的企业分别是雅玛多运输、佐川急便和日本邮政。雅玛多运输成立于1919年，在1976年推出“黑猫宅急便”快递服务，提供对30千克以下的个人和家庭之间门到门的小件货物快递服务，从此拉开了日本快递的序幕。

雅玛多运输从2013年开始整合期物流技术、信息技术、金融技术以及在日本于亚洲不断扩大的最后一千米网络，打造物流的价值网络，提供供应链解决方案服务。雅玛多运输的业务领域主要包括面向企业端的物流服务、配送服务，电子商务服务、家庭便利服务以及金融服务、车辆维修保养服务等。

雅玛多运输的核心竞争力是把“为客户提供便利”融入企业文化，在提供物流服务的同时，为不同的客户打造个性化的服务。

本书把雅玛多运输的商业模式创新分成三个阶段来进行分析，分别是雅玛多运输的路线便时代，快递商业模式创新和供应链解决方案商业模式创新。

7.2 雅玛多运输的干线运输时代

1919年11月29日，雅玛多公司在东京京桥设立总部，以4辆卡车开始了运输业务。当时日本全国的卡车数量也不过204辆，雅玛多运输可以称为先驱的存在了。第一次世界大战结束后，各行各业开始恢复景气，雅玛多运输确信卡车运送的时代就要到来了。雅玛多运输利用自己在配送速度上的优势，开始运海鲜并且与三越百货签订了东京市内的配送协议，顺利地使自己的业绩发展起来。1923年，日本关东大地震震后开始复兴的时候，对运输的需要急速上升，雅玛多运输趁势发展起来。1929年，雅玛多运输开始了东京与小田原之间的小件货物混装的定期的干线运输。到1935年东京一带的运输网络已经形成，被称为日本第一的卡车公司。

第二次世界大战以后，雅玛多运输也重新开始了自己的业务，承接适应新时代的进驻军的业务，很快获得了利润。此外，铁道的运货业务也开始开放，雅玛多运输也开始了这部分的业务。铁路货物在日本称为通运，通运就是在车站和货主之间进行的取货配送业务以及列车与货车之间的货物搬运等业务。这部分业务在战争中是被日本通运株式会社独占的。战后日本政府开始开放这部分业务，雅玛多运输迅速地取得了很多火车站的运货许可，开始重新整备战前的运输网络。第二次世界大战后的10年，可以说是日本卡车运送业务发生重大变化的时期。各大卡车运输公司之间的竞争越来越激烈。战前这部分业务主要是火车在承担，那么，战后为什么卡车公司纷纷开始这部分业务呢？

第一是道路的改良。第二次世界大战后，日本国内的道路被逐渐地改良。第二是卡车质量的提高。战争中被用作军用的卡车开始被转为民用，运输业务用的卡车性能快速提升。此外，在第二次世界大战后，日本制造业开始了复兴，家电等工业商品开始从生产地大量流向消费地，其中爆发式增长的是从关西到东京的运输。之前这种长距离运输的主要承担者都是铁路运输，但却开始出现各种各样的不适合当时环境发展的情况。铁路运货在车站的货物交接相当费时间，一般要3～4个小时。因此在列车发车前必须提前去交接货，一旦列车驶出就必须等到第二天。在这一点上，卡车比列车具有优势。只要在工厂装上卡车就可以了。虽然列车时速70千米以上，卡车只有时速30千米，但是如果考虑到门到门的时间，卡车的速度不比列车慢。此外，随着货物的增加，如果可以整车装货的话，卡车的运费也逐渐变得越来越便宜。

时代在变化，但是当时的雅玛多运输却一直把业务停留在关东地区。当时的社长小仓康臣确信100千米以上的远距离运输是属于铁路运输的范围。后任社长小仓昌男不停地劝说父亲，最终雅玛多取得了进入东海道路线的许可。1959年，雅玛多取得了东京到大阪的路线许可，小仓昌男成为业务部长，负责开拓大阪的客户。1960年3月，雅玛多好不容易开始了大阪分公司的业务，那时候已经比同行其他企业晚了5年了，被同行业其他企业打压，很难收集到货物。

当时西浓运输在关西发展得蒸蒸日上，从利润率来看远远比雅玛多运输高出很多。小仓昌男无法接受这种情况，如果经济不景气，那么全部的企业无法取得利润是正常的，但在日本经济高度成长期，为什么雅玛多运输还无法取得利润？分析个中原因：首先可以考虑的是劳动力成本，其他的企业总部都在地方上，只有雅玛多运输的总公司在东京，劳动力成本比其他企业高。其次，卡车运费的组成，原则上是有长距离递减和重量递减两种方式。距离越长运费越低，这一点对于每个公司都是一样的。但是重量递减，每个卡车公司运送的体积虽然一样，但是内容却不一样。雅玛多快递拒绝了小件货物，把重心放在大件货物上。而其他运输公司不仅运输大件货物，也运输大量的小件货物。当时的小仓昌男已经开始筹划小件货物运输这件事情，并开始落实。

7.3 雅玛多运输的快递商业模式创新(1976—2013年)

在此，本书将详细分析雅玛多快递商业模式创新的类型、快递商业模式创新的经营环境和雅玛多运输快递商业模式的构成要素。

7.3.1 快递商业模式创新的类型

雅玛多运输的快递商业模式创新是划时代的商业模式创新。由于雅玛多运输的发展，铁路小包裹和邮政小包裹都退出了历史舞台，雅玛多运输的快递商业模式具有划时代的意义。1976年2月，雅玛多运输开始快递业务的时候，针对家庭提供的小件货物的配送业务还只有邮局能够提供。这一年邮政小包裹的营业数量是1.7880亿个，雅玛多只有170万个。所有的人都认为雅玛多快递的这种尝试是没有意义的，但是1980年年初，雅玛多运输已经实现了盈利。1988年，雅玛多实现了7.7926亿个营业数量，其中邮政包裹的数量是3.1644亿个，这一年雅玛多运输占据了快递市场的37%，日本通运株式会社的快递业务占据了17%，邮政小包裹的份额是15%。雅玛多运输从百货店的配送等短距离配送业务起家，由于进入长距离路线的时机晚了，但自从开始了小件快递业务，经过十几年的发展，营业数量超过了邮政小包裹和铁路小包裹，成了运输市场的创新者。

7.3.2 雅玛多运输的快递商业模式创新的经营环境分析

(1) 物流信息技术的发展

信息技术对供应链管理、物流赋予了很大的推动力，预测精度的向上带来了在库无纸化、追踪、调度时间的缩减等。具体来说，配车系统、求车求货系统、货物追踪系统、数字包装、GPS 系统、物流 EDI 等系统都成了供应链重视商业模式构筑的重要因素和重要资源。信息技术的利用成了供应链模型构筑的基础。

(2) 卡车运输业务的简政放权

1990 年以后，日本政府制定了“物流二法”，开始了简政放权。第三方物流事业开始展开，运输业者必须能够构筑物流中心和信息机能。1990 年以后的快递市场适应了日本的小件轻量化货物和多频率小件货物的扩大发展的需要。1998 年以后的快递市场则是适应了佐川急便的竞争参入，电商的发展和供应链重视的时代开始发展。1990 年开始到 2000 年左右的邮政民营化，使邮局重新进入了快递市场，也促进了卡车运输领域的竞争激化。

7.3.3 雅玛多运输的快递商业模式创新的构成要素

20 世纪 60 年代开始参与雅玛多运输经营的小仓昌男，参加了美国的各种各样的课堂，学习制造业的经营、流通革命和市场等很多经营方面的知识。成为社长后的小仓昌男，雅玛多运输市场定位从商业货物市场转到了个人快递市场。他反对多元化经营，主张集中精力提供唯一的服务，使公司从经营危机中化危为安。快递这种高度的运输服务的特点为：一个电话收货、次日配送、统一的运费，当时这种服务是具有创新性的服务。

对于一个好的运输公司，它应该做到不管运送什么样的货物、多或少、任何时候到任何地方，都可以用相对便宜的运费送达，只有这样才能受到货主的欢迎。而实现了这个目标，雅玛多运输也就超越了竞争对手，成了可以信赖的公司。雅玛多运输从创业开始的强项一直都是小件货物运输，之后，雅玛多运输的生鲜快递可以说是站在客户立场上开发的商品。雅玛多运输快递的成功引来了很多其他同类公司进入快递市场。雅玛多快递不停地调整公司的战略计划，从配送网络、服务等各个方面在竞争中成为领头羊。随着雅玛多运输快递的成功，之前的商业客户也纷纷要与雅玛多快递合作，雅玛多运输的快递业务又重新进入了商业领域的运输市场。

(1) 雅玛多运输的快递商业模式创新的成长模式

首先是公司的成本缩减。雅玛多运输使运输车辆大型化。那时候普通的卡车的载货量是8吨，雅玛多把每辆车的最大载货量改为12吨，而且所有的卡车都是托盘式的。其次，1967年，开始换乘制，使长时间驾驶的货车司机解放出来。最后，是将运输业务和卸货业务分开，通过各种尝试提高了运输效率。

1983年，雅玛多运输开发了滑雪快递，1984年开发了高尔夫快递，1987年开始了顾客指定时间货物快递和生鲜食品快递，1990年开发了海外旅行者从住宅到飞机场的手提行李快递，1992年开始了次日10点前快递配送业务。为了实现客户的满意，雅玛多运输不停地开发快递的市场。

2002年5月，雅玛多运输提出了“快递网络再构筑”计划，开始增设快递网点，更加细致地、亲密地提供客户服务。它通过快递员与客户的面对面的服务来改善服务，追求“客户第一”。到2003年雅玛多运输开始了“快递中心制度”，计划展开5000家店铺的网络，以能够在最近的距离提供给客户亲和型的服务。

随着店铺数量的增加，相关的人员就变得越来越多，因此信息系统的完善是非常必要的。雅玛多运输快递的信息系统连接了全国5万人的快递员、各分拣中心、主管支店之间的网络。快递员在取货点实时地把数据输入系统，新的信息系统可以进行外部的查询、货物的追踪、配送全过程的数据储存和保存。雅玛多运输利用网络可以受理货物和配送，24小时实时追踪。另外，货物到达后，雅玛多运输可以向客户发送“送货通知”。客户看到送货通知，还可以改变货物的配送时间段，减少了快递员再配送的麻烦。

(2) 雅玛多运输的快递商业模式创新的收益模式

1973年，小仓昌男去美国出差的时候，就注意到纽约曼哈顿的UPS公司的配送场景。配送网店整体有收益临界点，每辆货车也有它的收益临界点。问题就在于一天到底收集多少的货物，这种效率是由收货车辆的责任区域范围决定的。也就是说，如果收货车的成本和一天能够收集的货物能够比较的话，就能够算出损益临界点。这就是快递成功的秘诀。

(3) 雅玛多运输的快递商业模式创新的经营资源

①雅玛多运输的配送网络

雅玛多运输社长小仓昌男的设想是“全国统一的高水准的服务”，这是一个极具使命感的目标。1997年，雅玛多运输在父岛、母岛也开始提供服务。雅玛多运输在各都道府县都设置了几个基地，在各市和街道又设置了营业网点。到1990年3月，雅玛多运输的网络铺设占到了日本面积的99.5%和人口的99.9%的区域。1998年，日本全国的营业点有2300点，联网店铺达到了30万个。另外，网点也开始向海外拓展，与美国UPS公司合作。目前，雅玛多运输在全世界200多个国家和地区形成了全球化的物流网络。快递业务从1990年以后不仅停留在个人货物上，还拓展到了商业货物。

②雅玛多的信息系统

1974年，雅玛多运输将“NEKO整体系统”利用到了快递服务中，提高了快递服务的质量。1980年网上快递货物追踪系统形成，称为“新NEKO系统”。1985年，雅玛多运输开始应用MCA无线集货指令系统，1987年给每个快递员都配备了无线终端，缩短了录入数据的时间，被称为“第3次NEKO系统”。1989年，专用手持终端可以控制从收货到配送的六个程序，即高度的货物追踪系统“NEXT”。1991年，全国的雅玛多运输网络形成。1994年，快递员可以在客户处用IC卡进行数据输入，被称为“第4次NEKO系统”。

雅玛多运输的快递业务系统包括从家庭收货的“收货系统”、货物在各个基地之间运输的“干线运输系统”、货物向家庭配送的“配送系统”，以及在各个阶段产生的数据的处理“信息系统”。

7.4 雅玛多运输：供应链解决方案商业模式创新（2013年至今）

针对雅玛多运输的供应链解决方案商业模式创新，我们从雅玛多运输的供应链解决方案商业模式创新的类型、企业环境以及商业模式创新的构成要素三个方面进行分析。

7.4.1 雅玛多运输：供应链解决方案商业模式创新的类型

雅玛多运输供应链解决方案商业模式创新属于建立在企业资源基础上的商业模式创新。雅玛多运输利用在快递领域积累的物流经验，提供供应链解决方案服务，两种服务都是雅玛多快递的基干业务。

7.4.2 雅玛多运输：供应链解决方案商业模式创新的经营环境分析

雅玛多运输供应链解决方案商业模式创新的经营环境主要是受法人市场竞争的影响。雅玛多运输拥有全日本最大的4000多个配送网点，拥有优秀的配送品质，在个人快递领域拥有细致入微的配送网络。但是雅玛多运输需要支付的成本也是非常大的。劳动力成本占总销售额的51%左右。在服务价格降低和成本上升的压力下，雅玛多运输需要从快递这一种服务中解脱出来，这就是雅玛多运输快递供应链解决方案商业模式的构想。

7.4.3 雅玛多运输：供应链解决方案商业模式创新的构成要素

(1) 顾客价值提案

①面向电子商务用户的解决方案。

雅玛多运输面向电子商务提供“当日配送”和“成本缩减”同时实现的服务，而且可以提供指定时间段配货，同时提供代收货款、电子支付等各种结算方式。

②面向零售业、超市的解决方案。

目前的时代已经是网上超市的时代了。雅玛多运输快递利用优越的物流配送网络，在扩大商圈、提高效率的基础上实现低成本，对生鲜食品可以提供当日配送服务。在日本过疏化和高龄化等社会问题越来越严重的情况下，雅玛多运输可以向这些客户提供各种各样的同在超市购物一样方便的服务。针对不会上网的用户，雅玛多运输快递还提供了信息终端。

③面向全球物流的解决方案。

从海外到日本国内，或者从日本国内到海外的一体化运输，雅玛多运输可以提供有效率的、迅速的服务，也可以提供进出口的仓库保管服务。雅玛多运输网络开始向全球拓展，包括在中国台湾、中国上海、新加坡、中国香港、马来西亚等地都开始迅速展开服务。

④企业资源。

雅玛多运输的羽田分拣中心，在业界首屈一指的高效率和高附加价值，不仅促使了日本国内的物流发展，而且促进了亚洲物流的迅速发展。供应链解决方案构想，简单地说就是将向个人提供快递服务的具有优势的快递公司，发展成为可以承担企业间物流的综合物流公司。例如，出库场所、出库状态、出库量无缝衔接的圆形网络；永不停止的物流网络系统；可视化物流，发货方和收货方信息共享；需求链，即发货方和收货方视点的最优化。羽田分拣中心的高附加机能主要有不同货主的货物集合起来向同一个收货方发货、医疗机器的清洗保养、机器修理保养、保税、快速通关等。

⑤产地直送商品解决方案。

雅玛多运输可以代理订货、送货、出货、配送等一体化服务。

⑥一体化通关解决方案。

雅玛多运输与日本邮船株式会社联合起来，构筑国际物流网络。雅玛多运输和日本邮船株式会社利用各自的优势开始提供国内外一体化通关进出口服务，中国市场的企业间物流服务，利用IC的运输零部件管理、租赁服务等业务。

(2) 成长模式

雅玛多运输国际业务成长有三个阶段。

第一阶段：1990年以前，随着制造业海外拓展、货代业务的需要，雅玛多运输开始进入美国、欧洲、亚洲市场。

第二阶段：1991—2010年，快递业务刚开始的时候，同时在中国台湾展开配送业务。

第三阶段：从2010年开始，在中国上海、新加坡、中国香港、马来西亚各地，开始展开亚洲各国的快递业务。2019年，在中国、韩国、东盟开始展开海外10个国家的业务。

羽田机场的雅玛多物流分拣中心是日本国内规模最大的物流中心，位于羽田机场附近，可以处理东京港、横滨港、东京站的货物以及来自日本各地和世界各地的货物，货物从入库到出库全部实现自动化处理。这里不仅可以处理货物快速，而且可以提供高附加值的服务，如医疗器械的清洗和保养等。

(3) 收益模式

雅玛多运输的供应链解决方案商业模式创新主要包括四个模块：亚洲的快递网络构筑；亚洲和日本链接起来的综合物流处理中心，羽田分拣中心的建设；日本国内主要都市间的当日配送，各地分拣中心的足够设置；亚洲次日配送的冲绳国际物流集聚地的运营。

雅玛多运输的第三次商业模式创新——供应链解决方案商业模式创新的构想就是针对企业提供新的市场轴，包括电子商务物流的需要、一元化采购的需要、海外物流的需要三个方面。针对这些需要，雅玛多运输快递进行了技术上的创新。

(4) 企业资源

雅玛多运输在日本全国有三个大的分拣中心、4000多个基地和大量的货车，在快递领域建立起了非常有效率的干线运输系统。

7.5 案 例

7.5.1 第一次 NEKO（黑猫）信息系统的导入

1972年，雅玛多运输构筑了 NEKO 系统。1973年，雅玛多运输成立了雅玛多信息系统开发部门，1976年开发了货物运输管理信息系统、该系统实现了货物运输费用计算、企业经费管理的自动化管理，提高了雅玛多运输的每一个客户的订单管理的效率。另外，总部与各个营业网点实现了联网，货物贴上了单据。唯一没有解决的问题是当时各个营业网点还需要手动输入票据号码。

7.5.2 第二次 NEKO（黑猫）信息系统的导入

1980年开发的第二次 NEKO 系统，在单据上贴上了条形码，并且每个营业网点配备了读取条形码的终端（NEKO-POS）设备，通过读取条形码可以确认货物的位置。另外，通过单据编码，运输业务和财务业务实现了一体化。

7.5.3 第三次 NEKO（黑猫）信息系统的导入

1986年导入的第三次 NEKO 系统，废除了营业网点的条形码终端读取设备，快递员全员配备了手持终端设备，可以随时读取货物的信息。手持终端设备放到营业网点的专用机器上之后能够自动完成数据的传输，因此大大缩短了营业网点的业务处理时间。

7.5.4 第四次 NEKO（黑猫）信息系统的导入

1993年，由于法人客户的增多，雅玛多运输开发了第四次 NE-

KO系统。已经注册的客户打来取件请求的电话之后，卡车内的小型打印机即可以自动打印单据，这样可以迅速地对应处理法人货物。但是90年代后半期，随着电子商务的普及，第四次NEKO系统已经不能适应外部环境的极速变化。

7.5.5 第五次NEKO（黑猫）信息系统的导入

2000年，雅玛多运输开发了第五次NEKO系统。该系统最大的特点是开放性，具体来说是EDI服务和适应网络。所有的数据实现了电子化，并且通过网络传递，提高了大件客户的作业效率，为网络零售商提供了个性化的物流解决方案。

第8章
日本佐川急便商业模式创新

8.1 简　介

佐川急便进入日本快递领域的时间比起雅玛多运输晚了大约20年，因此面临各种各样的壁垒。特别是在个人到个人（C2C）领域，需要从一般的家庭收取货物，想要构筑起如此庞大的物流网络是非常困难的。佐川急便利用其在商业领域积累的行业经验直接进入企业对企业（B2B）领域以及网络零售对应的企业对个人（B2C）领域是非常顺理成章的。因此佐川急便放弃了C2C领域的快递业务，将重点集中到了B2B、B2C领域，并且迅速成长为日本仅次于雅玛多运输的快递公司。

本书把佐川急便的商业模式创新分成三个阶段来进行分析，分别是佐川急便的路线便时代、佐川急便的飞脚快递商业模式创新和佐川急便的物流综合解决方案商业模式创新。

8.2 佐川急便的干线运输时代（1957—1998年）

1957年3月22日，佐川清在京都火车站附近以自己家为根据地，开始了一个人的背包运货业务，营业区域主要集中在京都和关西的经济中心大阪。他利用京都和大阪之间的铁路，飞快地奔跑着送货。1950年左右，随着朝鲜战争的特殊需要，日本国产卡车开始出现，但是当时日本的道路还没有完善，所以价格高但是安全无法保证的国产卡车并没有普及，陆地运输主要还是依靠铁路。但是铁路运输主要针对不是很着急的货物。卡车也没有这种点对点的运输服务，所以说这种门户到门户的背包运货业务就成了非常需要的一种服务。

1965年11月，佐川清成立了佐川急便公司。1967年12月，佐川急便公司开始了京阪神路线业务，扩充了自己更大范围内的运输网络。当时最流行的就是“流通革命”，也就是说相对于原来的“制造商—批发商—零售店—消费者”的流通构造，开始流行由超市这种大型零售店主导的流通结构。这是“大量生产、大量消费”的开始。随着新城的开发和交通网络的扩充，这种流通模式循序扩张到了日本列岛的各个地方。以小件商业货物为对象的佐川急便，针对制造商、批发商、零售商等提供便利的物流网络，促进了地区内的经济和产业的活跃。创业者主张“顾客第一”，信奉“迅速、确实、细致”的实践哲学。在形势大好的社会背景下，佐川急便的快递员每天不停地为增加的货物而奋斗，不停地开发新的客户、新的货物。

1973年，在日本内需扩大和列岛改造风暴的政策下，经济发展欣欣向荣。此外，随着石油危机的出现，日本国内物资缺乏，物价上涨，内需增大，佐川急便的业务迅速增长。到1974年1月以后，通货膨胀结束，运输业界陷入困境。在此背景下，佐川急便为了寻求出路，把业务范围扩大到了首都圈。当时日本产业界开始流行节省能源、节省资源、合理化、效率化，佐川急便逐渐地开始利用计算机技术、电子化技术，开发生产，改善物流来适应消费者不断变化的需求。1977年，在创业20周年的时候，佐川急便完成了全国物流网络的铺设。1980年2月，东京佐川急便开始启用自己公司特别制造的运货面包车。

1978年8月，佐川急便开发出了货物追踪系统，形成远距离次日配送服务；1979年，开始了小件货物航空运输业务；1980年网上系统开发出来；1982年10月，开发了“MCA无线系统”来调动车辆。20世纪70年代末，佐川急便集团开始迈向综合物流业的道路，其中代表性的案例就是1979年11月，在大阪、福冈、名古屋、东京开始的“衣架运送”服务。就是说针对服装企业，佐川急便可以以挂在衣架上的状态进行货物配送，并且在大阪和东京设立了保管仓库，开始了运送加保管的综合物流运输服务。1985年，佐川急便流通中心竣工，可以利用全国的物流网络为客户提供收货、流通加工和配送等综合物流服务；利用大型的中央计算机处理器，通过二维码控制服装商品的在库、出库和配送管理；向客户提供运输、在库、店内零售等信息，为客户的商品开发和生产计划提供支持。此外，佐川急便的24小时的出入库体制、在线控制集团的行动以及包装、检品、分拣、货物的订单等从加工到采购一体化系统形成。这一年也被称为佐川急便的“综合物流元年”。以线上网络为基础，佐川急便向“中央处理器事业”进军。

1990年12月，日本政府开始实行“物流二法”，这个时候以小件商业货物起家的佐川急便并没有开始快递业务。1991年，佐川急便事件（东京佐川急便勾结黑社会案）曝光，佐川急便公司急于应对危机，更是无暇顾及快递市场。在此期间，快递市场迅速地发展起来。1997年10月22日，佐川急便开始递送了快递运费申请项目；1998年3月21日，开始了快递业务，设立了合理合法的包括运费、客户以及快递员各方面容易理解的快递体系，开始了佐川急便的第二次创业，即向快递领域的进军。

8.3 佐川急便的飞脚快递商业模式创新（1998—2005年）

针对佐川急便的飞脚快递商业模式创新，我们从佐川急便的飞脚快递商业模式创新的类型、佐川急便的飞脚快递商业模式创新的经营环境和佐川急便的飞脚快递商业模式创新的商业模式构成要素三个方面进行分析。

8.3.1 佐川急便的飞脚快递商业模式创新的类型

佐川急便从路线便时代向飞脚快递商业模式的创新属于普通的商业模式创新。雅玛多运输的宅急便快递的成功，促使日本的许多运输公司向快递公司转型，最多的时候有35个运输公司开始了快递业务。佐川急便1998年才开始快递商业模式创新，此时以雅玛多为代表的其它快递企业已经在快递领域开展业务大约20年了，佐川急便最大程度的发挥了其从创业以来在小件商业货物领域积累的丰富经验，迅速地超越了其他公司，成为仅次于雅玛多运输的快递服务提供商。

8.3.2 佐川急便：飞脚快递商业模式创新的经营环境分析

在网络零售的发展、邮政民营化及物流信息技术的发展、供应链管理商业模式构筑的发展趋势下，快递公司必须建立既有速度又可以提高效率的全球化配送网络。20世纪90年代以后，小件货物、多频率小批量商业货物的需要逐步增加。

8.3.3 佐川急便：飞脚快递商业模式创新的构成要素

(1) 成长模式

佐川急便的配送区域集中在货物的法人客户，从仓库直接配送到地域的营业所。佐川急便主要的业务领域就是零库存背景下少量在库、多频率小件化的背景下的商业客户。他们对佐川急便给予了很大的信任。另外，顺应网上零售开始的B2C业务也顺利地展开了。此外就是物流业务，从1980年开始，佐川急便开始在日本全国主要都市设置佐川流通中心，开始了各种各样的流通加工服务。佐川急便的各个业务公司自主经营，成为自负盈亏的组织。佐川急便总公司则致力于扩大公司的业务，牢固自己公司的业务基盘。

(2) 收益模式

佐川急便采取直行方式来缩短运输时间。佐川急便的物流据点只有335个地方，是非常少的。所以要依靠快递员来拓展配送领域，利用这种方式来缩减成本。

(3) 企业资源

佐川急便放弃C2C领域，在B2B、B2C领域里深耕细作。佐川急便的第三方物流业务，就是最大限度地利用了佐川急便的公司自营网络，接受客户的物流外包业务。另外，佐川急便积极地拓展国际物流网络。

佐川急便在1977年完成新的集散中心，导入了当时最先进的信息系统；1979年导入了大型分拣机器，并且开始利用计算机进行货物追踪；1982年，导入MCA无线系统，设立佐川计算机系统，开始线上系统；1985年导入了手持终端，1999年，可以利用网络进行货物追踪。

8.4 佐川急便：物流综合解决方案商业模式创新（2005年至今）

针对佐川急便的物流综合解决方案商业模式创新，我们从佐川急便的物流综合解决方案商业模式创新的类型、企业环境以及商业模式创新的构成要素三个方面进行分析。

8.4.1 佐川急便：物流综合解决方案商业模式创新的类型

佐川急便的物流综合解决方案商业模式创新的类型属于建立在企业资源基础上的创新。佐川急便利用以前在小件商业货物领域积累起来的企业资源展开了物流综合解决方案商业模式。飞脚快递商业模式和综合物流解决方案商业模式同时进行。

8.4.2 佐川急便：物流综合解决方案商业模式创新的企业环境

近年来，在物流运输领域，网络零售的增加、生产流通到消费流通的流通模式的转变，都促使佐川急便发挥自己作为运输流通企业的社会责任，保护环境，为社会做贡献，为国际商业领域的客户提供各种各样最适合的服务。同时运输领域的邮政民营化、同业间的差别化竞争、合并重组、资本联合、外资进入等趋势加速，生存环境也越来越严峻。

8.4.3 佐川急便：物流综合解决方案商业模式创新的构成要素

佐川急便的解决方案商业模式提供全球化物流，以亚洲和美国为中心的进出口、复合一体化运输服务；提供第三方物流、仓库保管、流通加工服务以及复合运输服务组成的第三方物流服务；提供返品物流服务和回收服务以及售后支持等机能；提供咨询、综合物流诊断、安全运输教育服务等。

(1) 成长模式

随着国际物流市场的扩大和亚洲地区经济的快速发展，企业越来越倾向于将企业资源利用在具有核心竞争力的领域，并且将物流等业务外包给专业公司。在此背景下，佐川急便迅速的开始扩张国际物流供应链事业，并且将国际物流供应链视野发展成为佐川急便公司在快递业务之外的第二个增长极。包括第三方物流的进化发展、海外事业的强化、运输工具的积极展开三方面的业务。首先是第三方物流，即物流整体受托、国内外一体化物流的最优化的物流解决方案，另外是仓储专业化管理系统、售后维修服务等高附加值解决方案。伴随着日本制造以及零售业在全球范围内业务的展开，佐川急便开始在世界各地提供适应日本企业的物流服务。

(2) 收益模式

由于佐川急便比其他快递公司的物流基地少得多，所以需要用高精度的信息系统来弥补这部分的不足。佐川急便更加注重物流系统的弹性。对于快递员在晚一点时间收集的货物，为了第二天送达，不需要返回营业网点，直接送到最近的货物中心，通过干线卡车发送货物。对此，佐川急便通过无线 POS 机也可以及时更新信息。这样的佐川急便的信息系统和物流系统受到了商业客户的欢迎。另外，通过货物追踪系统，佐川急便可以预测货物的配送和在配送时间，缩短了货物的平均配送时间，以此来缩短与雅玛多运输之间的差距。

(3) 企业资源

1980 年，佐川急便在全国主要都市设置了佐川流通中心，受理各种各样的物流外包业务；2000 年，开始运行网络销售结算系统；2001 年，开发了网络销售出货支援系统；2002 年，开始了新路线管理系统；2006 年，开始了快递的干线运送温度管理系统等。

8.5 案 例

8.5.1 与日本冷冻食品的合作

佐川急便为客户提供个性化定制化的物流供应链解决方案。佐川急便的物流供应链管理系统可以做到嵌入客户的信息管理系统，对客户的物流需求做到快速的相应。代表性的案例为佐川急便为日本最大的冷冻食品企业建立起战略性合作伙伴关系，为其提供物流快速响应服务，携手日本冷冻食品在全球范围内的冷藏保温存储网络，为其量身打造个性化的一条龙物流供应链管理服务。

8.5.2 第三方物流服务提供商

佐川急便形成了一套综合型第三方物流业务流程和运营经验。能够针对不同行业的客户需求提供灵活、高效的物流服务，在轻工、纺织和电子行业拥有广泛的客户群。例如，佐川急便为服装企业提供的“挂钩运输服务”。

第9章 中国顺丰速运商业模式创新

9.1 简 介

顺丰速递于1993年3月在广东省顺德市注册成立。它最初的业务是顺德和中国香港之间的当天送达速递业务。在20世纪90年代，中国香港大量劳动密集型产业向珠江三角洲转移。但在那个时候，直接对接发达国家和区域市场的基础设施和能力非常缺乏。通常的做法是来料加工和进料加工。换句话说，珠江三角洲的合资企业应外国企业的要求，在完成样品后，将被送往香港，由香港企业确认。香港企业认可后，开始大规模生产。因此，中国香港成为中国大陆和发达国家市场的桥梁和纽带。当时，中国邮政的快递服务从珠江三角洲到中国香港要花三天时间。这种服务实在不能满足商务活动的需要，因此顺丰准确把握这一市场需要快速发展起来。顺丰速递的快递服务从珠江三角洲到中国香港和澳门一天内就可以配送完毕。

2001年，顺丰速运把总部迁至深圳，在中国国内首先利用全货机运输快递货物。不断地加大基础设施建设，重提高服务质量，继续加强基础设施建设，积极研究开发和引进高科技信息技术和设备，不断提高运营自动化水平，以快递物流产业链为核心不断丰富产品和服务。

从2012年，顺丰速运开始进行商业模式转型，为客户提供供应链解决方案服务。目前顺丰速运已经拥有覆盖国内外的物流网络，提供综合型的物流解决方案服务。

顺丰速运的业务领域不仅局限在高质量的快递物流配送服务上面，其业务领域已经延伸到了供应链的全领域，利用其自身开发的大数据分析系统和云计算技术，顺丰可以为客户提供大数据自主分析、销售管理和预测以及智能仓储管理服务等一条龙的解决方案。

本书把顺丰速递的商业模式创新分成三个阶段来进行分析，分别是顺丰速运发展的前期、顺丰速运的快递商业模式创新和顺丰速运的一体化供应链解决方案商业模式创新。

9.2 顺丰速运发展的前期

1993年，顺丰速运公司在广东顺德注册成立。到了1996年的时候，顺丰速运几乎占据了大部分深港货运市场。顺丰速运凭借奋力拼搏精神，从香港到内地，成为中国快递行业的龙头老大，并且逐步扩展到国际市场。

1996年开始，顺丰速运开始拓展全国范围的快递业务网络，首先顺丰速运以顺德为起点将快递网络拓展到了广东省全省范围。当时的顺丰速运为了控制成本并且以最快的速度扩张，在顺德意外的新建快递网点大多采用的是合作和代理的经营模式，也就是说各地的加盟商拥有分公司的管理权，然后在连接成一个快递物流网络。顺丰速运最初采用的这种合作代理模式并不是有规划的，可以说是哪里有市场就在哪里建立网络。

9.3 顺丰速运的快递商业模式创新

顺丰速运商业模式的特点在于直营模式、高端精品路线、服务创新、航空运输以及企业文化。

9.3.1 直营模式

顺丰速运在成立之初，与其它民营快递企业一样选择加盟模式进行快速扩张。许多加盟商出身于运输公司，在承揽快件的同时还会承接其他货物，导致了顺丰快递的时效性偏低和运输质量无法保证。这与顺丰速运更重视速度和可靠性而对价格相对不敏感的经营方针相违背。

在2000年，顺丰速运开始抛弃加盟，在接下来的几年里采取了购置加盟商股份的授权行动。在直营模式下，所有的收派员都由顺丰速运总部统一管理。为了保证顺丰的客户对顺丰公司品牌的信赖和忠诚度，顺丰速运总部统一对收派员进行客户分配和管理。

顺丰速运的直营模式保证了顺丰速运的服务标准化、便捷化和高效化。顺丰速运给客户提供了快件的安全保障。先进的信息系统可以为客户提供自助下单、快件查询等服务。顺丰速运强大的空中资源和地面运输网络，保证了顺丰速运的速度。顺丰速运收派员上门收取快件以及派送快件的速度非常快，配送服务一流。

9.3.2 高端精品路线

为了保证顺丰的客户对顺丰公司品牌的信赖和忠诚度，顺丰速运总部统一对收派员进行客户分配和管理。

速度是顺丰速运的核心竞争力。顺丰速运坚持只做小件快递，通过适当提升价格控制发展速度。顺丰速运实现了一小时内取件，两小时内配送货物到客户家门。

9.3.3 服务创新

面对竞争日趋激烈的快递业，顺丰速运在主打高端的同时，也在向中低端延伸，已占据并赢得了更大的市场。除了坚持 12 小时到达的高端服务，还推出了“四日件”的中端服务以及提供特惠件的低端服务。

顺丰速运的经营方式非常灵活。有先进的手持终端机上门服务、有强大的微信服务、有顺丰 App 服务，还有标准的快件生命周期管理。

顺丰速运投入大量成本进行信息化建设，对采购、存储、运输、销售以及流通加工等物流过程进行实时的信息管理和传送，此外，顺丰速运还为客户提供诸如顾客分析、采购计划、销售管理、供应商管理等决策方面的信息支持服务。

顺丰速运尝试在居民生活的社区开设服务便利店，不断完善外加行业模块，如团购服务、ATM 银行业务、家电销售维修等。

顺丰速运依托高端、快捷、周到的服务，赢得了客户的信赖和支持，成就了顺丰速运速度。

9.3.4 航空运输

顺丰航空是顺丰速运配送速度的坚实保证。2003 年“非典”期间，航空运价降到史无前例的地点，顺丰速运借助这个时机，在国内第一家租用飞机运送快递。顺丰速运与扬子江快运航空有限公司签订了5架包机的协议，第一个将快递行业带上天空。

2007年以后，越来越多的快递公司开始尝试租用飞机腹舱运送快件，顺丰航空有限公司顺应时代潮流诞生并在2009年12月31日第一次飞上天空。

顺丰速运赢得市场的法宝是快速的时效服务。随着业务能力的提高，顺丰速运不断加大空中力量的投入，不断地拓展航线网络，提升运行品质，提高航班时效的稳定性，专注为客户提供更优质的快件产品服务。

9.3.5 顺丰速运的价值观

诚信、正直、责任、服务和团队使顺丰速运的企业价值观。顺丰速运将公司价值观转变成为企业员工的实际的思想和行动，进一步增强了企业的竞争力、凝聚力和生命力。

9.3.6 顺丰速运的快递服务

(1) 生鲜速配：顺丰速运为客户提供寄递生鲜快件的专门服务，针对生鲜快件优先配车优先派送以保障生鲜产品的品质。

(2) 冷运速配：根据冷藏食品的温度控制要求，通过包装捆包方案满足温度控制，并提供优先装载和交付的独家快递服务。

(3) 冷运到店：定期对有温度要求的食品进行集中配送的区域城市配送服务。

(4) 顺丰速运提供点对点服务和点对多点服务。点对点是说一个寄件客户的收件地址只有一个。点对多点指的是同一个寄件客户由多个收件地址。

(5) 顺丰同城急送：打造顺丰高时效物流产品，为客户提供全城范围内的急速配送服务。

（6）顺丰即日。

（7）顺丰次晨。

（8）顺丰标快：门到门的高品质快递服务。

（9）顺丰普运：重货经济型物流服务。

（10）E顺递：E顺递为客户提供由中国香港、中国澳门及中国台湾地区寄至中国内地的个人件快递服务。

（11）国际标快：紧急货物的国际门到门快递服务。

（12）国际特惠：为满足客户非紧急物品寄递需求而推出的经济型国际快件服务。

（13）国际小包：为跨境电商B2C卖家发送2kg以下包裹而推出的一款高品质小包类服务。

（14）国际电商专递：企业对消费者跨境电商国际物流服务。

（15）海购丰运：海购丰运（SFBUY）是顺丰速运集团旗下专业的海淘转运服务平台，致力于为海淘客户提供高效、便捷的全球转运服务。

（16）确认签收服务：中国内地客户寄递高价值及重要物品或文件至海外时，如需要收方的签收证明，可选择签收确认服务，收方在收件时将被要求逐件签名确认，签收确认的图片可供查询。[①]

9.4 顺丰速运的供应链解决方案商业模式创新

顺丰速运先后推出了服装行业、手机行业、医药行业以及电商行业等的供应链解决方案服务，依托顺丰速运运输配送资源及网络

① 顺丰速运主页。

资源、现代化的仓储配送服务，为商家提供一体化的供应链解决方案服务。

9.4.1 服装行业的供应链解决方案

顺丰速运为客户提供仓配一体化和强大的系统服务，帮助客户建立快速供应链，以降低运营成本，促进店铺成交转换，推动品牌提升。它具体包括多元化的配送、专业的仓储管理、逆向退货以及调拨服务，还可以提供包装服务、衣物熨烫以及质检等多元化的快递增值服务。

9.4.2 手机行业的供应链解决方案

顺丰速运依托自由航空、自建网店和丰富的产品服务为手机制造商、分销商、运营商和电商提供个性化的供应链解决方案。为顾客提供先进的物流信息系统支持，提供保价服务；为客户提供准时配送以及退换货服务；与客户的信息化平台对接，提供货物追踪以及金融服务等。

9.4.3 医药行业的供应链解决方案

顺丰速运拥有第三方医药物流资质，支持门诊药房、社康、药店、商业 RDC（区域分发中心）等地址发货，可多模式配送到家。精温专递参照商业配送标准，全程温度外显功能，支持提供全程 2—8℃ 温度数据。

9.4.4 国际快递供应链解决方案

顺丰速运针对跨境电商和国际快件等提供快捷收件，直飞航班服务；阳光清关、时效稳定等报关服务以及其他增值服务。

9.4.5 顺丰速运的供应链解决方案服务

（1）顺丰速运的医药安心递送服务：顺丰速运依靠其物流网络和物流管理信息系统，为医药公司提供专业化的包装、精确的药品识别、定制化的路线设计、全程无缝监控等物流增值服务，保障医药产品的安心安全的快递运输。主要是针对非温控药品、医疗机器等常温环境寄递的产品。

（2）顺丰速运的医药专递服务：主要是针对对寄递过程有温度要求的药品和生物样本等货物，提供可控低温的门到门运输配送服务。

（3）顺丰速运提供的医药零担服务：主要针对有医药快递服务需求的客户，当货物不足整车运输要求的时候，提供的零担物流运输服务。在零担运输过程中，可以满足客户对药品运输过程中的温度和湿度的要求。

（4）顺丰速运的医药专车服务：主要是为客户提供跨区域冷藏车运输服务，为整车药品运输需求的客户提供定制化的运输服务。可以实现货物直达、避免中间环节，并可以为客户提供温度湿度全程数据追踪服务、保价等增值服务。

（5）海外仓：顺丰国际海外仓，针对发往俄罗斯、欧盟国家等地跨境电商客户量身打造，帮助中国卖家实现海外本土化销售，降低物流运营成本，实时监控库存和订单状态，订单响应速度迅速。

（6）代收货款：向收件客户收取货款并按约定时间转交至寄件客户的服务。

（7）包装服务：为了更好地保障快件安全，顺丰速运提供更专业、环保、便捷和高效的包装服务。

(8) 逆向物流：指商家委托顺丰速运，从指定地址（消费者、门店等）收取物品送至商家指定的地址（工厂、仓库等）的物流活动。

(9) 验货服务：是指顺丰速运可为商家核验寄件客户提供的物品是否与验货清单一致，符合时正常揽收，不符合时向商家回传验货失败信息。

(10) 国际直邮认证服务：专为跨境电商B2C商家提供全程国际物流认证服务，提供全程实时路由查询保障。

(11) 正式报关：针对有跨境业务需求的客户，顺丰速运提供一站式代理报关的服务。

(12) 收货管理：货物装卸、入库管理和破损处理等。

(13) 出货管理：货物再包装、出库扫描、装货发车、退货管理以及换货管理等。

(14) 库存管理：盘点库存、补货等。

(15) 个性化服务：代贴商标、质检、流通加工等。

(16) 信息服务：订单信息、账号管理、财务信息等。

(17) 信贷业务："物流＋金融"综合解决方案。

(18) 金融科技：为小微企业提供的金融分析应用和风险管理平台。

9.5 案 例

9.5.1 顺丰优选

顺丰优选为线上购买水果的客户提供安全可靠的采购和物流服

务。水果进入顺丰优选仓库的时候要稍欠成熟，而水果离开顺丰优选仓库的时候要稍欠一点儿成熟，这样就保证了水果快递到客户餐桌的时候口感正好。顺丰优选的工作人员在水果的软硬程度鉴别上是专家。另外顺丰优选在商品仓储过程中会对商品进行严格的温度控制，包括常温区、冷藏区、冷冻区等各种存储条件。

9.5.2 顺银金融

“顺银金融”瞄准的是顺丰速运的客户，尤其是合作紧密的电商企业，提供支付、供应链金融等服务。顺银金融作为内部的交易平台，从事金融类的业务。随着客户对快递增值服务的要求越来越高，顺丰尝试通过金融相关产品向综合物流商转型。

9.5.3 丰 e 足食

“丰 e 足食”是顺丰在 2017 年开辟的无人零售业务，其主要以无人货架的终端形式，为一二线城市的白领人群提供零售食品。顺丰吸取了之前在便利店上选址的失败教训，在这次的无人货柜的布点上面严格把控，将其主要分布在一二线城市的商业区、办公楼区域。这在一定程度上增加了其盈利性的同时，降低了布点的成本。

第10章

我国跨境电子商务的发展历程和发展现状

近年来，跨境电子商务迅猛发展，主要的影响因素有消费者个性化需求的发展导致传统外贸发展增长缓慢，小件跨境电子商务迅速发展；经济全球化趋势日益明显，国际贸易自由化和便利化加快；我国国内电子商务的迅猛发展延伸到了国际市场，从而使跨境电商商业模式迅速成型；各国政府都把跨境电子商务作为经济发展的引擎，并出台各种支持政策。在此，我们回顾一下我国跨境电子商务的产生和发展。

10.1 跨境电子商务的起步阶段

中国内地第一笔 Internet（互联网）电子交易的时间是 1998 年 3 月 18 日。中国银行开展网上银行服务的最早时间是 1996 年。1997 年年底，王轲平先生发现了这个站点，并填写了申请书。在接到王轲平先生的申请后，世纪互联通信技术有限公司开始着手进行这次交易的内容，实质性的时间大约为 15 天。王轲平先生成为第一个在中国 Internet 上进行电子交易的人。这次交易也是国内企业与消费者在网上的“第一次亲密接触”，预示着我国的跨境电子商务从概念阶段进入实践阶段。

1998 年，东方良品（http://www.goodorient.com）正式上线。这是中国最早销售具有东方特色的垂直网站。具体的销售商品包括旗袍、中国功夫套装和鞋、玉器等。后来该网站又开通了在线小额批发网站（http：//www. smallvolume com)。刚开始的时候，产品主要选择具有中国特色的商品，像一些手工艺品、鼻烟壶、字画、旗袍、功夫套装等。

1999 年 3 月，阿里巴巴网站诞生，5 月，8848 网站推出并成为当年国内最具影响力的 B2B 网站，自此，我国电子商务网络购物领域进入了实际应用的阶段。同年、政府联网、企业联网、网上纳税、远程教育、远程医疗等广义的电子商务开始试点。

10. 2　跨境电子商务快速发展阶段

1994 年 7 月，时年 30 岁的杰夫・贝佐斯创立了以一条贯穿南美洲河流命名的网站：亚马逊。亚马逊开始只是一家网上书店，直到 2001 年亚马逊宣传口号改为“最大的网络零售商”。2001 年亚马逊实现盈利，并且营业额逐年增长。贝佐斯也被称为“跨境电子商务之父”，是他开启了跨境电子商务世界的大门，让商务从此搭上互联网的快车。

eBay 于 1995 年 9 月成立，eBay 是其浪漫的创始人皮埃尔・奥米迪亚为了帮其女友交换糖果而建立的，后来演变成一个二手拍卖市场。eBay 从 1999 年开始了全球化的战略布局，将公司营业地点拓展到了英国、德国，随后是澳大利亚。2000 年 eBay 开始拓展日本和加拿大的市场。截至到 2001 年 12 月，eBay 交易平台在 30 多个国家开展了其业务。2002 年 eBay 通过收购易趣网进入中国市场，2003 年在国内的 C2C 市场占据了接近 80％的份额。因此，eBay 是最早完成跨境电商国际布局的平台，一直是跨境电子商务的领导者和开拓者。不过其照搬美国的经验进入中国，利用收取服务费的方式盈利，很快被中国的另一家强大的跨境电子商务公司——阿里巴巴淘宝网击垮，无奈之下退出中国。相比较而言，亚马逊发展则比较保守。自从 2004 年收购中文网站卓越网（http：//Joyo.com）以来就未再进入其他国家，而是专注于美国市场以及六大海外网站（加拿大、中国、日本、英国、德国和法国）中稳步新增产品门类，直到 2010 年亚马逊才重新开始全球化战略布局。

阿里巴巴成立于 1999 年，此后在最困难的时候得到了风险公司的两次融资。阿里巴巴在 2003 年同日本软银集团合作推出了淘宝网，得到了中国消费者的支持。2004 年以前，最受欢迎电子商务网站上还没有淘宝网的名字，从 2004 年 2 月开始，淘宝网以每月 768%的增速上升，排名仅次于易趣，到 2005 年，淘宝超越了易趣位居最受欢迎电子商务网站的第一位。2010 年其交易额达到 4000 亿元，在业界遥遥领先。

2004 年的敦煌网成立，主要营业范围是在线批发。2006 年帝科思成立，经营范围主要是电子产品。2007 年兰亭集势成立，引进风投，经营模式为自主经营。外贸电商平台的竞争日趋激烈。从此，中国跨境电商开始出现垂直电商、平台电商和第三方卖家三种形式并存的局面，到现在基本上是以第三方卖家为主、垂直电商和平台电商为辅的发展势态。也就是说，第三方卖家是跨境电商主力。

10.3 跨境电子商务竞争加剧阶段

这一时期的企业主要有 eBay、亚马逊、敦煌网、兰亭集势、阿里巴巴的速卖通、大龙网、米兰网、DX、麦包包等。这个时期除了大量第三方平台卖家之外，也出现了一批比较知名的中国跨境电子商务平台。

兰亭集势于 2007 年创立。兰亭集势的营销手段花样百出，充分应用了博客、Facebook、Twitter、You Tube 等现代网络营销工具。兰亭集势以完善高效的网络营销技术为支撑，形成内外并举，多平台（大平台和垂直平台）、多品牌（自有品牌和代理品牌）、多模式（B2B 和 B2C）、多产品线的集成电商格局。兰亭集势还很早就在美国底特律设立海外仓，提高订单反应速度和客户购物体验。从 2007 年成立不到 5 年时间，兰亭集势销售额就增长了 50 倍。兰享集势长期保持高增长率成为吸引风投并最终成功上市的关键指标。

和兰亭集势的技术派做法不同，DX 属于实战派，主攻电子产品和情趣用品，2010 年销售额达到 2 亿美元，盈利几千万美元。DX 最初是为 eBay 卖家做海外的快递物流以及航空邮政小包的。在积累了几十万海外客户的资源之后创业起家。DX 月订单量平均值是 3000 个左右，高峰期会达到 30000 个。其核心竞争力是免运费、超低价。网络购物消费者如果在其他的电子商务商城看到与 DX 同款的产品比 DX 售卖价格更低，可以通过 DX 的信息系统向 DX 反应举报，DX 会立即下调该商品的价格来确保 DX 的商品售价为全球最低价格。DX 还有一个特点，它虽然强调货品的丰富性，但并不会盲目扩张品类。

2010 年，阿里巴巴的速卖通上线，伴随着阿里巴巴的快速发展以及再美国纳斯达克的上市，速卖通很快超过了敦煌网，发展速度非常快。

在这个时期以及后期推出的网络支付工具有 PayPal、支付宝、易宝支付、百付宝、网易汇付天下、天天盈、首信易支付、网银在线、汇通、快钱、环迅 IPS、首信付、云网、银联支付等。PayPal 和支付宝是目前网络购物支付工具中用户数量最大的。PayPal 在欧美国家非常受欢迎，支付宝在亚洲比较受欢迎。

贸易模式主要有以下几种类型：①第三方平台交易在亚马逊、eBay 等平台注册，成为平台的卖家，背靠大树好乘凉。这是很多中小企业和创业者在缺少资金和资源的情况下的最好选择。②自建跨境电子商务网站。如兰亭集势等。③自建跨境电子商务平台。中国知名的跨境电子商务平台在各个领域开始跟亚马逊和 eBay 分庭抗礼。敦煌、兰亭集势、年龙、米兰、DX、麦包包、阿里巴巴速卖通等相继成立。

10.4 跨境电子商务稳步发展阶段

从几个主要平台发展趋势来看，eBay 首先爆发。亚马逊 2010 年开始全球化战略，到 2013 年取代 eBay，成为跨境电商热点。此时 eBay 基本处于饱和状态，特别是 DX 在 2013 年 5 月 22 日于中国香港上市后。兰亭集势于 2013 年 6 月 6 日在美国纳斯达克上市。DX 和兰亭集势的相继上市，把中国跨境电子商务行业推向一个高潮。2013 年，Wish 开始营业，被认为是最具潜力的移动端跨境电商平台之一。2010 年速卖通上线，随着阿里巴巴的快速发展迅速发展起来，成为发展最快的跨境电子商务平台。亚马逊紧随其后，基本上保持双位数增长，而 eBay 只是保持个位数的爬行增长，2013 年《亚洲电子出口贸易报告》显示，中国的 eBay 卖家销售额涨了 34%，远高于亚洲其他地区。

发展到 2013 年，跨境电商平台的商业模式开始发生显著的变化，卖家不再是草根创业人员为主，外贸公司和工厂开始参与竞争并且迅速发展成为主力。销售的产品质量显著提升。

10.5 跨境电子商务发展的现状

从 2012 年开展跨境电商试点以来，我国就已经开启了互联网时代跨境电商发展规律的探索试验之路。在创新监管服务模式、建立新型商业模式、提升消费者获得感方面，取得了显著成效，目前已经成为全球跨境电商规模最大、发展最快的市场。

近年来，我国跨境电商一直保持高速增长。跨境电子商务迅速发展成为我国国际贸易领域最具竞争力的新引擎新业态。是推进我国“一带一路”倡议的重要切入点。

中国政府针对跨境电商的发展推出了很多的促进政策。2018 年 7 月，新增 22 家跨境电商综试区城市，政策覆盖面进一步扩大；2018 年 11 月，第一届中国国际进口博览会成功举办，习近平主席在会上宣布“中国将进一步降低关税，提升通关便利化水平，削减进口环节制度性成本，加快跨境电商等新业态模式发展”。这是我国主动向世界开放市场的重大举措，有利于促进全球贸易和世界经济的增长；2018 年 11 月，跨境电商零售进口监管政策一锤定音，明确按个人自用进境物品监管，限额提高、正面清单扩充，这些都表明了我国实施进出口双向均衡发展和加快建设贸易强国的决心；2019 年，李克强总理在政府工作报告中特别提出要“改革完善跨境电商的扶持政策”。中国跨境电商进入更加健康、更加快速发展的新时期。

10.6 跨境电子商务发展的趋势

从跨境电子商务的发展现状来看，其在未来进出口贸易中将会占据更加重要的地位，多批次、小批量的外贸订单需求会越来越高。

目前，国内跨境电子商务发展前景主要呈现出以下三种趋势：

①跨境电子商务在我国进出口贸易总额中所占的比例会越来越大。伴随着经济全球化的进程以及世界网络普及率的提升、国际物流水平的进步、网络支付环境的改善，跨境电商仍然会不断地发展壮大。

②目前我国的跨境电商主要是以出口业务为主。随着我国消费者对海外商品的需求逐渐增长，跨境电商进口的比重也会随着逐渐增长。

③多批次小批量的跨境电子商务外贸订单需求会不断地上升。同时企业对企业的长期稳定订单的比例会不断下降。企业与最终消费者之间的订单逐渐发展成为跨境电子商务的主要组成部分。

第11章

跨境电子商务物流与供应链管理

跨境物流是指涉及到两个或两个以上国家之间的物流服务。跨境物流涉及出口国和进口国的海关，需要面临清关和商品检验检疫等程序，跨境物流服务是一个相当复杂的流程。跨境电商物流是为了适应跨境电子商务的发展，满足跨境贸易的小规模、多批量、速度的要求而产生并迅速发展起来的。目前我国跨境电子商务物流的主要模式有国际邮政小包、国际商业快递、国际物流专线、边境仓、集货物流、第三方物流、第四方物流、海外仓、保税区和自贸区物流等商业模式。本章对这些商业模式的优缺点以及代表性的企业做详细分析。

11.1　国际邮政小包

国际邮政小包是目前跨境电子商务中运用比例较大的国际物流服务。顾客个人可以利用邮政小包的形式发货，邮政公司通过万国邮政联盟体系完成进出口流程。德国邮政、中国邮政、日本邮政等都是具有代表性的国际邮政小包服务提供商。

国际邮政小包寄递方便、价格合理、可以进行全程物流追踪，安全可靠。

2018年11月8日，中国邮政中欧铁路国际包裹业务全面展开，国际小包可以通过中欧班列直接抵达欧洲23个国家。中欧班列国际小包邮政业务的投入运营响应了国家“一带一路”的倡议，为跨境电商企业和消费者个人的跨境电商物流寄递问题提供了新的更好的解决方案。

例如，2020 年 3 月 27 日“义新欧中国邮政号”中欧班列（义乌—马德里）投入运营，在疫情期间发挥了保障国际贸易供应链畅通运行的重要作用。

图 11　中欧班列（义乌—马德里）开通

来源：中国邮政集团官网

11.2　国际商业快递

DHL、FedEx 以及 UPS 是目前国际上具有代表性的提供商业快递业务的公司。跨境电子商务平台的商品通过国际商业快递物流企业进行运输通关配送。我国许多商业公司也积极拓展国际快递业务，比较有代表性的有顺丰速运、圆通速递等。国际商业快递可以针对不同消费者，不同货物量身定制国际物流解决方案，可以全程追踪物流信息，价格稍高但是安全性和实效性有保障。国际商业快递的缺点是偏远地区一般没有网络，无法配送。

图 12　国际商业快递公司：顺丰速运

来源：顺丰速运集团官网

国际商业快递公司的优势如下所述。

（1）DHL 的优势

DHL，又称敦豪航空公司，优势在于：

①服务区域广，派送网络遍布世界各地。

②价格低。

③时效快，正常情况下 2～4 个工作日通达全球。

④建立了欧洲专线及周边国家专线服务，服务速度快、安全、可靠、查询方便。

图 13　国际商业快递公司：DHL

来源：DHL 集团官网

（2）UPS的优势

UPS，又称为联合包裹服务公司，优势在于：

①服务区域广，覆盖200多个国家和地区。

②服务好，提供全球货到付款服务，可免费、及时、准确地上网查询服务，加急限时派送服务，有超强的清关能力。

③价格低，主力打造美国专线，北美特惠。

④时效快，正常情况下2～4个工作日通达全球，特别是美国48小时能到达。

（3）FedEx的优势

FedEx，即联邦快递公司，优势在于：

①服务区域广，可通达全球220多个国家和地区，美洲和欧洲在价格和时效方面尤其具有优势。

②时效快，正常情况下2～4个工作日即可通达全球。网站信息更新快，网络覆盖全，查询响应快。

③服务好，FedEx提供国际快递预付款服务以及免费、及时、准确的上网查询服务。

④价格低，到中南美洲及欧洲区域的价格有明显优势。

11.3 国际物流专线

国际物流专线是针对特定国家或地区的跨境专线配送方式。国际物流专线的物流方式、运输时间、运输路线、终点与起点基本上都是固定的。

国际物流专线的物流效率高于国际邮政小包，物流成本低于国际商业快递，而且通关有保障，对于跨境电子商务来说是一种较好的固定线路的物流解决方案。但是具有地域局限性是国际物流专线的突出劣势。国际物流专线包括港口专线、航空专线、路桥专线、铁路专线及固定线路多式联运等专线。具体案例如中俄专线、中欧专线、国际传统亚欧航线、顺丰深圳—台北全货机专线等。专门为跨境电商服务的国际物流专线如阿里电商物流提供的物流解决方案。

图 14　中欧班列（郑州—意大利米兰）

来源：郑州国际陆港公司官网

11.4 边　境　仓

边境仓是指在跨境电商的目的国的邻国边境建造或租赁仓库。货物通过物流提前运输到仓库，卖家通过互联网接到消费者订单后，货物将从该仓库发货运送。具有代表性的如，中俄跨境电子商务边境仓等。

跨境电商虽然机会大，但是不可避免地要面对跨境物流、支付结算、各国政策变化、消费者购买习惯这些变数，存在较大的风险。一般来说，境外仓在欧美市场运行比较成熟，通常是一些尺寸大、运输较困难的商品，会放在境外仓。边境仓，其实是在境内的，和普通仓库的区别也不过是比较靠近边境，物流会比较快，但比起境外仓，会慢1～2天。但是风险可控，清关是白色的，所以对于邻国的跨境出口，推荐边境仓。

11.5　集货物流

集货物流是指将货物先行运输到本地区或港口所在地的仓储中心以形成规模，在达到一定的数量之后，利用合作的国际物流公司将货物运至国外，然后直接运送到消费者手中，或者先收集各地发出的货物然后分批发送到消费者手中。与有相同需要的其它跨境电商企业联合起来组成战略合作伙伴联盟，成立共同物流中心，形成规模优势，降低国际物流成本。例如，米兰在广州和成都建立了自己的仓储中心，菜鸟物流的跨境电商一盘货服务等。

11.6　第三方物流

第三方物流是指独立于供需双方，为客户提供专项或全面的物流系统设计或系统运营的物流服务模式。第三方物流公司提供的服务有很多，包括物流决策的支持、物流系统的开发、物流信息的处理、集货物流、运输公司和货代公司的优化选择、仓储管理、物流咨询服务以及代付运费等服务。

第三方物流有助于顾客集中主营业务、减少物流基础设施投资、缩减库存、加快客户资金周转、提高顾客服务水平以及缩减客户物流成本，提升顾客企业形象。第三方物流提供准确、经济、高效的运输方式满足不同订单的需求，简化顾客供应链管理。跨境电商流程复杂，对物流的要求比较高。尽管一些跨境电商公司有自己的物流中心，但是也需要与第三方物流公司合作解决国际物流配送问题。尤其是在进入国外市场的时候需要与当地的第三方物流公司合作。许多第三方物流公司也利用自己丰富的进出口贸易的经验和海外营业网点积极的为跨境电商企业服务。如菜鸟为商家打造的具备极致性价比的跨境物流枢纽服务，助力商家管理多渠道备货，存储、中转、发货。

11.7 第四方物流

第四方物流指的是提供物流咨询服务、物流规划、物流信息系统以及供应链管理等服务，通过整合物流服务提供商的技术、资源和能力，提供全方位的供应链解决方案。第四方物流整合所有的社会资源、实现了物流过程的信息共享。为了应对跨境电子商务和跨境物流的复杂性，许多第四方物流公司产生了。2015 年 1 月 26 日，兰亭集势启动“兰亭智通”跨境电子商务物流开放平台，该平台可以集成结合全世界的物流服务资源，可提供全球智能化路径优化、公开比价竞标、多家物流供应商协同配送和大数据智能分析等服务。顺丰与 DHL 建立起战略合作伙伴联盟提供国际供应链管理服务等。

SF Supply Chain China
In partnership with DHL

图 15 顺丰国际供应链

来源：顺丰速运集团官网

11.8 海 外 仓

“海外仓”为《2016 年政府工作报告》新词。该《报告》指出，扩大跨境电子商务，支持出口企业，建设一批出口产品“海外仓”，促进外贸综合服务企业发展。

海外仓有助于解决跨境电子商务物流的种种难题。外贸企业通过海外仓库本地发货给消费者，缩短了交货时间、降低了通关风险。消费者可以实现轻松的退货和换货，提升了购物体验。物流仓储在跨境电商中起着举足轻重的作用。其中，海外仓是解决跨境电商物流成本高昂，配送周期长的有效途径。

随着跨境电商竞争越发激烈，无论从买家需求更好的购物体验，还是平台提高整体服务水平的角度，鼓励卖家使用海外仓实现本土发货已成为未来平台重点策略之一。2019 年，阿里巴巴速卖通发布了一系列跨境电商业务战略升级举措，助力跨境电商卖家在日益竞争的电商市场中抢占先机。其中，海外仓建设就是其至关重要的一项举措。例如速卖通联合菜鸟物流重点推进海外仓建设。

11.9 保税区、自贸区物流

保税区或自由贸易区物流是指跨境贸易中，通过保税区或自贸区仓库进行分拣、包装等集中运输物流配送。保税区或自由贸易区物流具有规模物流和集中物流的优点，物流时间短成本低。亚马逊中国就是一个代表性的案例。亚马逊中国在上海自贸区，引入了全球商品线，跨境电商企业可以首先把货物放在自由贸易区。消费者下订单时，从自由贸易区发货。通过在自由贸易区或保税区的仓储，跨境电商企业可以有效利用自贸区、保税区的各项优惠政策，特别是保税区和自由贸易区在商检、通关、结汇、退税等方面的优势。

海关特殊监管区具有链接国内外市场的特殊政策和功能的区域。设在中国境内并且经过国务院的批准，海关对特殊监管区进行封闭监管。目前，我国海关特殊监管区的主要模式有出口加工区、保税区、保税港区、跨境工业园区、综合保税区、保税物流园区等模式。其中综合保税区是政策最优惠、开放层次最高、手续最简化以及功能最齐全的特殊监管区。

图 16　上海自由贸易试验区

来源：上海自由贸易试验区官网

第12章 跨境电子商务综合试验区的发展

12.1 简　介

我国设立跨境电子商务综合试验区，目的是打造一个先行先试的城市区域，在跨境电子商务交易、物流、通关、支付、结汇以及退税方面先行先试、积累跨境电子商务业务流程、技术标准、信息化建设以及监管模式方面的先进经验，并且通过管理创新、制度创新、服务创新以及协同发展，解决我国跨境电子商务过程中的体制性难题和深层次矛盾。我国跨境电子商务综合试验区致力于构建完整的生态链和产业链。打造一整套引领和适应全球的跨境电商管理规则和体系，为我国跨境电商的发展提供可推广和可复制的宝贵经验。

经国务院批准，我国目前在30个省市区设立了105个跨境电子商务综合试验区。具体情况如下：

【2015年3月7日，第一批，1个】

浙江省　中国（杭州）跨境电子商务综合试验区

【2016年1月6日，第二批，12个】

浙江省　中国（宁波）跨境电子商务综合试验区

河南省　中国（郑州）跨境电子商务综合试验区

天津市　中国（天津）跨境电子商务综合试验区

上海市　中国（上海）跨境电子商务综合试验区

重庆市　中国（重庆）跨境电子商务综合试验区

安徽省　中国（合肥）跨境电子商务综合试验区

广东省　中国（广州）跨境电子商务综合试验区

广东省　中国（深圳）跨境电子商务综合试验区

四川省　中国（成都）跨境电子商务综合试验区

辽宁省　中国（大连）跨境电子商务综合试验区

山东省　中国（青岛）跨境电子商务综合试验区

江苏省　中国（苏州）跨境电子商务综合试验区

【2018 年 7 月 24 日，第三批，22 个】

北京市　中国（北京）跨境电子商务综合试验区

内蒙古自治区　中国（呼和浩特）跨境电子商务综合试验区

辽宁省　中国（沈阳）跨境电子商务综合试验区

吉林省　中国（长春）跨境电子商务综合试验区

黑龙江省　中国（哈尔滨）跨境电子商务综合试验区

江苏省　中国（南京）跨境电子商务综合试验区

江西省　中国（南昌）跨境电子商务综合试验区

湖北省　中国（武汉）跨境电子商务综合试验区

湖南省　中国（长沙）跨境电子商务综合试验区

广西壮族自治区　中国（南宁）跨境电子商务综合试验区

海南省　中国（海口）跨境电子商务综合试验区

贵州省　中国（贵阳）跨境电子商务综合试验区

云南省　中国（昆明）跨境电子商务综合试验区

陕西省　中国（西安）跨境电子商务综合试验区

甘肃省　中国（兰州）跨境电子商务综合试验区

福建省　中国（厦门）跨境电子商务综合试验区

河北省　中国（唐山）跨境电子商务综合试验区

江苏省　中国（无锡）跨境电子商务综合试验区

山东省　中国（威海）跨境电子商务综合试验区

广东省　中国（珠海）跨境电子商务综合试验区

广东省　中国（东莞）跨境电子商务综合试验区

浙江省　中国（义乌）跨境电子商务综合试验区

【2019年12月15日，第四批，24个】

河北省　中国（石家庄）跨境电子商务综合试验区

山西省　中国（太原）跨境电子商务综合试验区

内蒙古自治区　中国（赤峰）跨境电子商务综合试验区

辽宁省　中国（抚顺）跨境电子商务综合试验区

吉林省　中国（珲春）跨境电子商务综合试验区

黑龙江省　中国（绥芬河）跨境电子商务综合试验区

江苏省　中国（徐州）跨境电子商务综合试验区

江苏省　中国（南通）跨境电子商务综合试验区

浙江省　中国（温州）跨境电子商务综合试验区

浙江省　中国（绍兴）跨境电子商务综合试验区

安徽省　中国（芜湖）跨境电子商务综合试验区

福建省　中国（福州）跨境电子商务综合试验区

福建省　中国（泉州）跨境电子商务综合试验区

江西省　中国（赣州）跨境电子商务综合试验区

山东省　中国（济南）跨境电子商务综合试验区

山东省　中国（烟台）跨境电子商务综合试验区

河南省　中国（洛阳）跨境电子商务综合试验区

湖北省　中国（黄石）跨境电子商务综合试验区

湖南省　中国（岳阳）跨境电子商务综合试验区

广东省　中国（汕头）跨境电子商务综合试验区

广东省　中国（佛山）跨境电子商务综合试验区

四川省　中国（泸州）跨境电子商务综合试验区

青海省　中国（海东）跨境电子商务综合试验区

宁夏回族自治区　中国（银川）跨境电子商务综合试验区

【2020 年 4 月 27 日，第五批，46 个】

河北省　中国（雄安新区）跨境电子商务综合试验区

山西省　中国（大同）跨境电子商务综合试验区

内蒙古自治区　中国（满洲里）跨境电子商务综合试验区

辽宁省　中国（营口）跨境电子商务综合试验区

辽宁省　中国（盘锦）跨境电子商务综合试验区

吉林省　中国（吉林）跨境电子商务综合试验区

黑龙江省　中国（黑河）跨境电子商务综合试验区

江苏省　中国（常州）跨境电子商务综合试验区

江苏省　中国（连云港）跨境电子商务综合试验区

江苏省　中国（淮安）跨境电子商务综合试验区

江苏省　中国（盐城）跨境电子商务综合试验区

江苏省　中国（宿迁）跨境电子商务综合试验区

浙江省　中国（湖州）跨境电子商务综合试验区

浙江省　中国（嘉兴）跨境电子商务综合试验区

浙江省　中国（衢州）跨境电子商务综合试验区

浙江省　中国（台州）跨境电子商务综合试验区

浙江省　中国（丽水）跨境电子商务综合试验区

安徽省　中国（安庆）跨境电子商务综合试验区

福建省　中国（漳州）跨境电子商务综合试验区

福建省　中国（莆田）跨境电子商务综合试验区

福建省　中国（龙岩）跨境电子商务综合试验区

江西省　中国（九江）跨境电子商务综合试验区

山东省　中国（东营）跨境电子商务综合试验区

山东省　中国（潍坊）跨境电子商务综合试验区

山东省　中国（临沂）跨境电子商务综合试验区

河南省　中国（南阳）跨境电子商务综合试验区

湖北省　中国（宜昌）跨境电子商务综合试验区

湖南省　中国（湘潭）跨境电子商务综合试验区

湖南省　中国（郴州）跨境电子商务综合试验区

广东省　中国（梅州）跨境电子商务综合试验区

广东省　中国（惠州）跨境电子商务综合试验区

广东省　中国（中山）跨境电子商务综合试验区

广东省　中国（江门）跨境电子商务综合试验区

广东省　中国（湛江）跨境电子商务综合试验区

广东省　中国（茂名）跨境电子商务综合试验区

广东省　中国（肇庆）跨境电子商务综合试验区

广西壮族自治区　中国（崇左）跨境电子商务综合试验区

海南省　中国（三亚）跨境电子商务综合试验区

四川省　中国（德阳）跨境电子商务综合试验区

四川省　中国（绵阳）跨境电子商务综合试验区

贵州省　中国（遵义）跨境电子商务综合试验区

云南省　中国（德宏）跨境电子商务综合试验区

陕西省　中国（延安）跨境电子商务综合试验区

甘肃省　中国（天水）跨境电子商务综合试验区

青海省　中国（西宁）跨境电子商务综合试验区

新疆维吾尔自治区　中国（乌鲁木齐）跨境电子商务综合试验区

12.2　北京市　中国（北京）跨境电子商务综合试验区

中国（北京）跨境电商综合试验区力争在5年左右通过实施。

中国（北京）跨境电子商务综合试验区旨在以京津冀地区为核心，逐渐形成辐射全国和全世界的跨境电子商务创新枢纽、服务枢纽、消费枢纽和产业枢纽。具体措施包括培育跨境电子商务综合型企业、设立跨境电子商务保税仓和海外仓、打造跨境电子商务产业园、物流园和体验店，提高跨境电子商务在对外贸易中的比重。

中国（北京）跨境电商综合试验区打造了一个“一体”“两翼”和“多点”“全平台”的模式。“一体化”指的是在北京市整体范围内统筹推进跨境电子商务综合试验区建设，在突出改革试点的同时，强调政策整合创新。“两翼”指的是依托北京首都国际机场和北京大兴国际机场的航空运输能力和交通优势，建设国际航空枢纽，打造高效的跨境电商口岸以及贸易通道。“多点”指的是优化跨境电商产业布局、产业监管。优化跨境电商营商环境。“全平台”指的是使跨境电商线物流企业、综合服务企业以及金融服务企业等线上线下资源形成生态圈，为跨境电商企业提供一整套服务，解决后顾之忧。

图17　中国（北京）自由贸易试验区

来源：北京经济技术开发区官网

12.3　天津市　中国（天津）跨境电子商务综合试验区

中国（天津）跨境电子商务综合试验区致力于把综合试验区建成以线上数据集成、多种模式共存、综合服务完善、交易规范可信的先行先试区。中国（天津）跨境电子商务综合试验区以物流通关渠道、单一窗口信息系统、金融增值服务为核心竞争力，“关、检、汇、税、商、物、融”一体化，线上“单一窗口”平台和线下“创新试验园区”平台相结合，成为了投资贸易便利、监管服务高效、法制环境规范的京津冀区域跨境电子商务发展新引擎和全国跨境电子商务金融创新示范区、仓储物流中心区、转型升级引领区和创新创业先行区。

中国（天津）跨境电子商务综合试验区推进跨境电商物流、资金流和信息流“三流合一”，并在此基础上集中精力在政府管理、制度建设和服务集成领域创新发展，逐步建立起对真实交易的电商信用评级体系，在此基础上对企业进行分级监管，对商品采用分类监管。中国（天津）跨境电子商务综合试验区通过大数据分析，向跨境电商企业提供物流、金融、信息等供应链管理服务，建立起自营平台和第三方平台，邀请境内外电商企业共同参与平台建设，打造了线上线下结合的电子商务生态圈平台。

12.4 河北省 中国（唐山）（石家庄）（雄安新区）跨境电子商务综合试验区

12.4.1 中国（唐山）跨境电子商务综合试验区

中国（唐山）跨境电子商务综合试验区致力于打造“一站式”跨境电商综合服务平台。主要是依托唐山智慧城市管理平台、河北省跨境电子商务公共服务平台、河北省国际贸易“单一窗口”平台，打造外汇管理、海关、税务、商务、交通运输、金融、邮政、保险等一体化的综合服务平台。可以实现跨行业、跨地区、跨部门信息互换共享、技术标准统一，为企业提供身份认证、信用管理、通关检验、备案、质量追踪等综合性“一站式”服务。中国（唐山）跨境电子商务综合试验区鼓励邮政、物流等企业建立战略合作伙伴关系，建立智能物流体系。通过跨境电子商务综合服务平台的大数据分析，建立互联执法的邮政物流监管体系。致力于建设唐山的国际邮件互换局，提高国际邮件通关速度。

12.4.2 中国（石家庄）跨境电子商务综合试验区

中国（石家庄）跨境电子商务综合试验区致力于推进跨境电子商务综合公共服务平台的建设。依托河北电子口岸，建立融通税务、通关、支付、外汇、物流等各类服务为一体的综合型公共服务平台。

通过集成跨境电子商务的相关政务服务，实现税务、海关、商务、外汇、金融、邮政、保险、公安等各部门之间的业务协同、数据共享以及互助监管。依托石家庄综合保税区、中国（河北）自由贸易试验区、辛集保税物流园区，创建跨境电商园区，引进世界性跨境电商龙头企业入驻园区，为园区企业提供跨境电商整条产业链的服务。

12.4.3 中国（雄安新区）跨境电子商务综合试验区

中国（雄安新区）跨境电子商务综合试验区旨在建设一批进出口商品展示交易平台和跨境电子商务产业园区。促进新区、综合保税区、综合试验区、自贸试验区四区联动，实现资源整合和共享、协同发展、推动开放型经济更好更快的发展。

雄安新区跨境电子商务综合试验区加大力度建设产城融合、数字经济、跨境贸易相结合的跨境电子商务综试区，打造“关、税、汇、商、物、融”一体化平台。

图 18 中国（河北）自由贸易试验区雄安片区

来源：中国（河北）自由贸易试验区官网

12.5 山西省 中国（太原）（大同）跨境电子商务综合试验区

12.5.1 中国（太原）跨境电子商务综合试验区

中国（太原）跨境电子商务综合试验区的总体目标使“立足太原、复制推广、带动全省”。致力于建设数字化贸易、数字化服务、数字化监管的产业链条完整、线上线下融合、安全监管高效的一体化跨境电商发展新格局。

图 19 太原武宿综合保税区

来源：太原武宿综合保税区官网

12.5.2 中国（大同）跨境电子商务综合试验区

中国（大同）跨境电子商务综合试验区依托大同进口肉类指定监管场地、大同国际陆港保税物流中心、大同航空口岸、大同跨境电子商务综合试验区，全面优化营商环境，构建跨境电商生态圈和产业链。中国（大同）跨境电子商务综合试验区打造了“两平台六体系”。分别为跨境电子商务线下产业园区平台、跨境电子商务线上公共服务平台、跨境智能物流体系、跨境电子商务统计监测体系、跨境电子商务信用体系、跨境电子商务信息共享体系、跨境电子商务金融服务体系和跨境电子商务风险防控体系。

12.6 内蒙古自治区　中国（呼和浩特）（赤峰）（满洲里）跨境电子商务综合试验区

12.6.1 中国（呼和浩特）跨境电子商务综合试验区

中国（呼和浩特）跨境电子商务综合试验区主要使发挥内蒙古链接俄蒙的地理优势，打造我国向北开放的重要试点窗口，打造先进的服务体系和服务模式，建立一体化的跨境电子商务兼顾体制，形成完整的跨境电子商务生态圈和产业链。

图 20　中国（呼和浩特）跨境电子商务综合试验区 O2O 新零售示范店

来源：内蒙古和林格尔新区官网

12.6.2　中国（赤峰）跨境电子商务综合试验区

中国（赤峰）跨境电子商务综合试验区致力于引导各类跨境电商企业向赤峰市聚集，并为此积极推动通关便利化、市场监管模式新型化，并且为跨境电商企业提供信息化服务平台，整合资源、对接国家政策法规、利用大数据，为企业打造完整的生态服务系统。

12.6.3　中国（满洲里）跨境电子商务综合试验区

依托满洲里毗邻俄蒙区位优势，发挥满洲里国际贸易通道作用，以稳定外贸基本盘为建设目标，以实现外贸产业多元化发展为主攻方向，以完善跨境电商公共服务体系为发展基础，以知名电商企业发挥龙头作用为引擎，集聚综保区、互贸区、合作区和企业自建园区等优势资源，将满洲里打造成为立足俄、蒙市场，辐射东北亚、欧洲以及全球市场的跨境电商进出口集散中心，实现物流、资金流、信息流加速集聚。

图 21　满洲里中俄互市贸易区

来源：满洲里市政府官网

12.7 辽宁省 中国（大连）（沈阳）（抚顺）（营口）（盘锦）跨境电子商务综合试验区

12.7.1 中国（大连）跨境电子商务综合试验区

中国（大连）跨境电子商务综合试验区是东北外贸转型发展的引领区、跨境电子商务发展的先行区、东北亚跨境商品的集散区，也是老工业基地振兴的示范区。具有邻近日韩并且能够链接欧亚的区位优势，各种运输口岸发达并且可以承接多式联运的物流优势。

12.7.2 中国（沈阳）跨境电子商务综合试验区

依托自由贸易试验区以及国家全面创新改革试验区制度，利用沈阳的东北物流中心和区域中心的城市地理位置，优化进出口营商环境，拓展海外流通渠道，构建跨境电商生态圈，推动“沈阳的智能制造产业”高质量走出国门。

12.7.3 中国（抚顺）跨境电子商务综合试验区

整合抚顺、沈阳以及沈阳抚顺改革创新示范区的能力和优势，把中国（抚顺）跨境电子商务综合试验区打造成具有产业特色和区域特色的一体化综合服务综合试验区。

12.7.4 中国（营口）跨境电子商务综合试验区

力争扩大跨境电子商务交易额，鼓励跨境电子商务进出口企业的发展，致力于将营口发展成链接中东欧和东北亚的区域性跨境电子商务产业集聚中心、综合服务中心和创新创业中心，提供特色鲜明的一条龙的跨境电子商务综合服务。

12.7.5 中国（盘锦）跨境电子商务综合试验区

依托东北电商快递物流产业园和辽东湾新区保税物流中心，在各县区、经济区电子商务基地的基础上，发展“双核多基地”的跨境电子商务产业发展体系。

12.8 吉林省 中国（长春）（珲春）（吉林）跨境电子商务综合试验区

12.8.1 中国（长春）跨境电子商务综合试验区

立足长春，辐射吉林，面向东北亚，集聚资源打造长春“一城、两区、多园”的跨境电商发展新格局。

“一城” 围绕地处东北亚几何中心区位优势和对俄、日、韩外贸竞争优势 全力将长春打造成为东北亚跨境电商核心节点城市。

“两区” 依托长春兴隆综合保税区和长春新区，引导建设跨境电商产业聚集区与跨境电商空港实践区，形成功能差异化定位和协同性发展，激发跨境电商创新活力。

“多园”：突出优势，因地制宜，统筹规划，打造多个专业性跨境电商产业园，实现跨境电商企业规模化、集聚化、多元化发展，加快构建跨境电商生态圈。

图 22　长春兴隆综合保税区

来源：长春兴隆综合保税区官网

12.8.2　中国（珲春）跨境电子商务综合试验区

依托珲春综合保税区和中俄互市贸易区，建设“互联网＋边贸”实践区和跨境电商产业集聚区。将回春打造成东北亚跨境电商集散地。并且在此基础上打造专业化的跨境电子商务产业园区。

12.8.3　中国（吉林）跨境电子商务综合试验区

大力发展跨境电子商务的新业态、新技术、系模式。打造跨境电商示范区，完善跨境电商综合服务体系。

12.9　黑龙江省　中国（哈尔滨）（绥芬河）（黑河）跨境电子商务综合试验区

12.9.1　中国（哈尔滨）跨境电子商务综合试验区

中国（哈尔滨）跨境电子商务综合试验区利用其东北亚区域中心和地缘的优势，可以发挥其对俄国合作的中心城市作用，全面利用哈尔滨市的国际贸易大通道，发展成对俄市场为主，辐射全球的跨境电子商务物流集散地。

图 23　中国（黑龙江）自由贸易试验区哈尔滨片区

来源：中国（黑龙江）自由贸易试验区官网

12.9.2　中国（绥芬河）跨境电子商务综合试验区

中国（绥芬河）跨境电子商务综合试验区致力于发展成政府服务高效、贸易投资便利的对俄以及对东北亚的跨境电子商务物流中心、金融中心、商务运营中心和创新中心。

12.9.3　中国（黑河）跨境电子商务综合试验区

中国（黑河）跨境电子商务综合试验区致力于发展成为中俄边境的跨境电子商务产业创新和发展的集聚地。为入驻企业打造完整的优越的跨境电子商务一条龙支撑体系。主要面向俄语系国家发展跨境电商贸易并形成具有规模和影响力的海外仓、边境仓产业链，打造黑河跨境电商品牌。

12.10 上海市 中国（上海）跨境电子商务综合试验区

中国（上海）跨境电子商务综合试验区旨在通过改革和试验，形成一套线上的交易、监管、服务和职称规则体系，先行先试引领我国跨境电子商务的创新发展。形成市场环境规范、资源配置优化、产业特色明显、投资贸易便利以及政府服务高效的面向全球的跨境电子商务物流中心、电子商务运营中心、创新中心和金融中心。推进跨境电子商务产业园区的建设，聚集跨境电子商务企业主体，线上线下融合协同发展，最终形成完整的产业链，形成国际通用规则，与国际市场接轨。

图24 上海市“离岸通”平台

来源：上海市自由贸易区官网

12.11 江苏省 中国（苏州）（无锡）（南京）（徐州）（南通）（常州）（连云港）（淮安）（盐城）（宿迁）跨境电子商务综合试验区

12.11.1 中国（苏州）跨境电子商务综合试验区

中国（苏州）跨境电子商务综合试验区的主要特征是“互联网＋中国制造 2025＋自主国际品牌”。中国苏州致力于产业基础和品牌化的提升，以求提高区域竞争力，并且提供“多维度物流通关＋综合服务体系”为重要职称的跨境电子商务综合示范区，促进供应链融合，打造全球跨境电子商务产业链，形成良好循环的跨境电商生态圈。

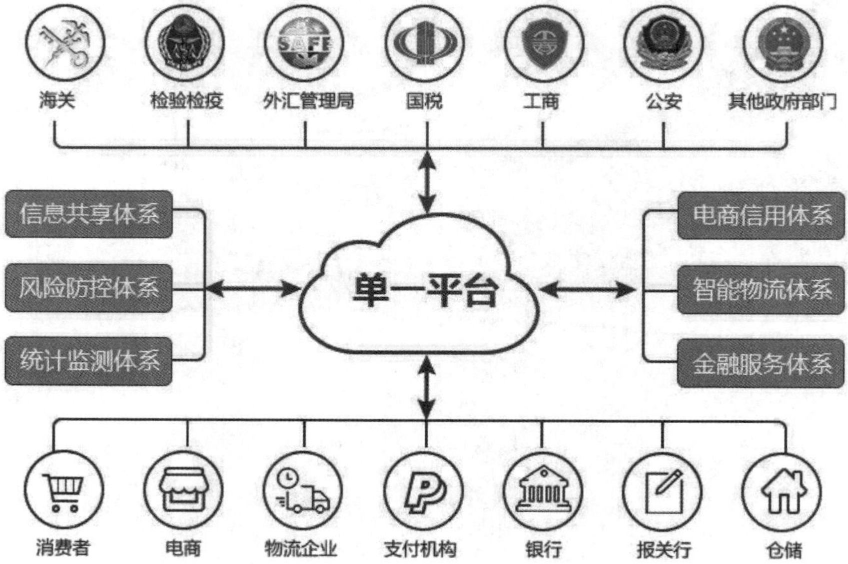

图 25 中国（苏州）跨境电子商务综合试验区的单一平台

来源：苏州跨境电子商务综合试验区官网

12.11.2 中国（无锡）跨境电子商务综合试验区

中国（无锡）跨境电子商务综合试验区包括“综合服务中心、展示中心、保税进口商品O2O体验中心”三大中心。同时提供跨境电商线上综合服务平台服务。

12.11.3 中国（南京）跨境电子商务综合试验区

鼓励跨境电商企业的发展，提高跨境电商出口份额，打造跨境电商自主品牌，建设国际商品集散中心。为跨境电商企业提供优质的营商环境，推动企业人才培养集聚示范高地和企业创新中心的发展。

12.11.4 中国（徐州）跨境电子商务综合试验区

中国（徐州）跨境电子商务综合试验区的主要特征是“数字监管＋线上平台＋服务集成”，以供应链协同、徐州制造和品牌出海为核心竞争力，以人才创业、物流枢纽和跨境金融为重要支撑，旨在成为辐射“一带一路”的跨境电子商务中心枢纽城市。

12.11.5 中国（南通）跨境电子商务综合试验区

中国（南通）跨境电子商务综合试验区致力于将跨境电子商务与其它外贸新业态、服务贸易以及实体经济相融合，创新跨境电子商务商业模式、监管模式、国际供应链管理模式。大力培育跨境电子商企业，建设具有特色的跨境电子商务产业园、海外仓和跨境电子商务品牌企业。

12.11.6 中国（常州）跨境电子商务综合试验区

中国（常州）跨境电子商务综合试验区重点建设智能物流体系、内外贸融合发展体系、金融服务体系、信息统计体系、电商信用体系、风险防控体系以及线下集聚平台、线上服务平台、区域集散平台等“六平台三体系”。

12.11.7 中国（连云港）跨境电子商务综合试验区

中国（连云港）跨境电子商务综合试验区致力于打造大陆桥跨境电商产业园以及其他特色园区，并且推动以铁路海运联运为特色、陆海空一体化的物流服务体系的发展，培育重点跨境电商企业的发展，孵化跨境电商人才，促进跨境电商的发展。

12.11.8 中国（淮安）跨境电子商务综合试验区

中国（淮安）跨境电子商务综合试验区借鉴复制其他综合试验区的成功经验和做法，致力于线下产业集聚平台和线上综合服务平台的构建，打造金融服务体系、信息共享体系、智能物流体系、统计监测体系、风险防控体系以及电商信用体系，“两平台六体系”的建设，致力于把淮安总是去打造成对外贸易转型升级示范区、电商产业集聚地以及进出口商品集聚和疏散的交易中心。大力发展特色跨境电商产业园和物流园，培养有影响力的代表性跨境电商企业，努力实现综合试验区的高质量发展。

12.11.9 中国（盐城）跨境电子商务综合试验区

中国（盐城）跨境电子商务综合试验区重点推动企业对企业出

口、海外仓建设以及外贸供应链创新。提升跨境电商营商环境，力争将盐城综试区发展成中韩跨境贸易的集散地，推动海外仓和国内仓的联动，服务国家“一带一路”建设。中国（盐城）跨境电商综合试验区打造了一个核心区，即中韩（盐城）产业园核心区；四个特色产业园区，即顺丰盐城智慧电商物流园、燕舞航空产业园、盐城大数据产业园以及大丰跨境电商产业孵化中心。同时推动其它产业园的创新发展，形成优势互补、多园并举的跨境电商产业发展布局。

12.11.10 中国（宿迁）跨境电子商务综合试验区

中国（宿迁）跨境电子商务综合试验区的目标是成为长三角北翼的跨境电商发展示范区。宿迁综合试验区打造特色跨境电商产业园，建设跨境电商平台，推动跨境电商的发展。

12.12 浙江省 中国（杭州）（宁波）（义乌）（温州）（绍兴）（湖州）（嘉兴）（衢州）（台州）（丽水）跨境电子商务综合试验区

12.12.1 中国（杭州）跨境电子商务综合试验区

中国（杭州）跨境电子商务综合试验区通过构建金融服务体系、信息共享体系、电商诚信体系、智能物流体系、风险防控体系、统计监测体系以及“线上综合服务平台”和线下“综合园区”平台等“六体系两平台”，实现跨境电子商务资金流、信息流、货物流“三流合一”，重点在政府管理、制度建设、服务集成等领域开展创新，实现跨境电子商务便利化、自由化、规范化发展。

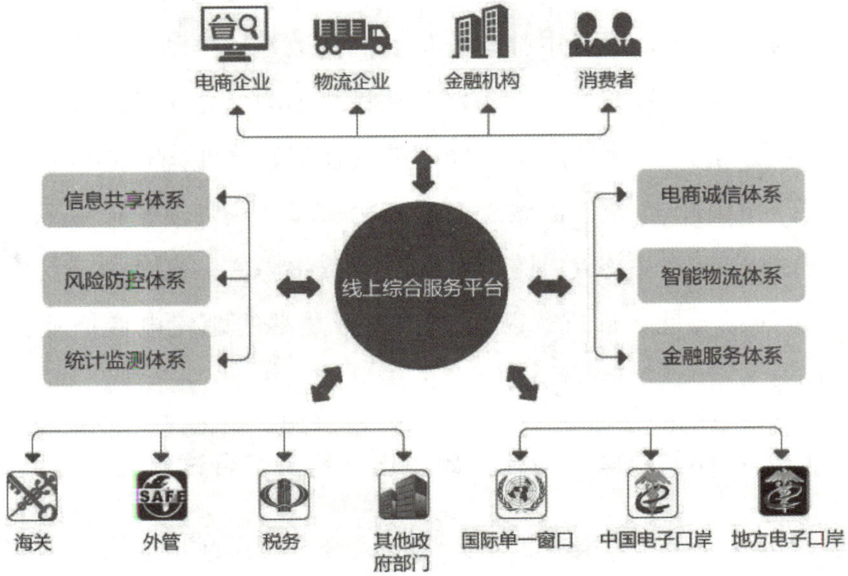

图 26　中国（杭州）跨境电子商务综合试验区线上综合平台

来源：杭州市中国（杭州）跨境电子商务综合试验区官网

12.12.2　中国（宁波）跨境电子商务综合试验区

中国（宁波）跨境电子商务综合试验区依托港口、产业等综合优势，全面提升跨境电子商务的枢纽化、国际化、便利化、数字化水平，将宁波建成跨境电商全国标杆城市。

12.12.3　中国（义乌）跨境电子商务综合试验区

中国（义乌）跨境电子商务综合试验区旨在建设功能完善、便捷高效的配套支撑体系以及覆盖面广、导向清晰的政策促进体系，形成线上线下融合、出口进口并举、国内国外一体的跨境电子商务发展格局。义乌综试区要发展成为跨境电商的枢纽中心和全球网货中心。

12.12.4 中国（温州）跨境电子商务综合试验区

中国（温州）跨境电子商务综合试验区打造了"一区一核多园"的布局。"一区"就是综试区。"一核"就是跨境电子商务进出口通关平台，"多园"主要包括全球进口商品贸易港、温州（鹿城）轻工产品交易中心、全球华商"双创"侨贸港、全球新型数字贸易港等。

12.12.5 中国（绍兴）跨境电子商务综合试验区

中国（绍兴）跨境电子商务综合试验区主要聚焦"跨境电子商务＋专业市场"。发挥绍兴在大唐袜业城、中国轻纺城等专业市场的优势，整合线上和线下服务资源，提供跨境贸易整体解决方案。

12.12.6 中国（湖州）跨境电子商务综合试验区

中国（湖州）跨境电子商务综合试验区聚焦"跨境电子商务＋产业集群"，推动以纺织服装（童装）、休闲文化、木业、绿色家居为中心的产业利用跨境电子商务拓展海外营销渠道。

12.12.7 中国（嘉兴）跨境电子商务综合试验区

充分利用嘉兴在长三角地区的区位优势，"与沪杭同城"，促进嘉兴实现跨境电子商务资源共享、区域优势互补、关联发展，全面提升国际竞争力和区域竞争力。充分利用嘉兴接轨上海"桥头堡"的作用，深化嘉兴综试区与浙江自贸试验区嘉兴联动创新区以及上海自贸试验区临港新片区等相关区域平台的联动，提升嘉兴市对外开放水平。发挥嘉兴产业集群优势，重点打造具有国际竞争力的跨境电商企业。

12.12.8 中国（衢州）跨境电子商务综合试验区

发挥衢州跨境电子商务企业“小而美”的特色优势，把衢州打造为浙皖赣闽四省边际地区跨境电子商务发展的“示范窗口”。

12.12.9 中国（台州）跨境电子商务综合试验区

利用台州港口的优势发展海陆空联运物流模式。利用台州产业产业集群的特点，将中国（台州）跨境电子商务综合试验区融入台州“制造之都”的现代化产业体系建设当中。利用台州的专业市场优势，进行市场采购贸易试点，促进专业市场向线下线上结合的新模式转型。

12.12.10 中国（丽水）跨境电子商务综合试验区

中国（丽水）跨境电子商务综合试验区以丽水市全域在综合试验区工商注册的企业个人为核心，重点打造八个区域的产业集群优势，即云和木玩产业跨境电子商务集聚区、青田全球进口商品集散区以及缙云文化运动休闲产业、庆元竹木产业、龙泉经典文创产业、遂昌家具休闲景宁民族地区跨境电子商务集聚区以及松阳跨境电子商务直播集聚区。

12.13 安徽省 中国（合肥）（芜湖）（安庆）跨境电子商务综合试验区

12.13.1 中国（合肥）跨境电子商务综合试验区

中国（合肥）跨境电子商务综合试验区先后建设了合肥综试区

线上综合服务平台、合肥经开区综保区线上综合服务平台，开展了跨境电商直购进口、保税进口、直购进口和零售出口业务。建设了合肥经开区综保区、安徽（蜀山）跨境电子商务产业园、合肥综合保税区、合肥空港经济示范区等跨境电商园区，与线上综合服务平台实现联动发展。

图27 中国（合肥）跨境电子商务综合试验区

来源：合肥市人民政府官网

12.13.2 中国（芜湖）跨境电子商务综合试验区

中国（芜湖）跨境电子商务综合试验区致力于培养具有竞争力的跨境电商企业，打造芜湖品牌，布局功能完善的跨境电商产业园。

12.13.3 中国（安庆）跨境电子商务综合试验区

中国（安庆）跨境电子商务综合试验区致力于打造生态链产业链完整、线上线下融合的跨境电子商务体系。培育规模性跨境电子商务企业，布局跨境电子商务产业和物流园，提升跨境电子商务零售进口贸易额。

12.14 福建省 中国（厦门）（福州）（泉州）（漳州）（莆田）（龙岩）跨境电子商务综合试验区

12.14.1 中国（厦门）跨境电子商务综合试验区

中国（厦门）跨境电子商务综合试验区培养了一批龙头电子商务企业，引进了一批龙头物流供应链企业；提供线上线下一条龙外贸综合服务；加强了跨境电子商务监管，加快了跨境电子商信息共享；引入了先进的智能物流供应产业链；完善了人才培育机制；推动了厦门台湾海运邮件的双向物流通道建设。

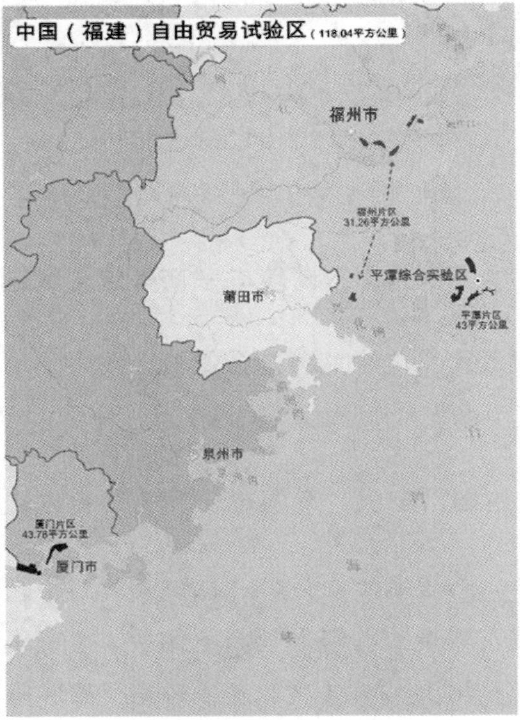

图 28　中国福建自由贸易试验区

来源：福建自由贸易试验区官网

12.14.2 中国（福州）跨境电子商务综合试验区

略

12.14.3 中国（泉州）跨境电子商务综合试验区

中国泉州跨境电子商务综合试验区打造了跨境电子商全产业链的生态圈；重点打造了几个跨境电子商务综合园区；大力推动跨境电子商务进口处贸易。

12.14.4 中国（漳州）跨境电子商务综合试验区

中国（漳州）跨境电子商务综合试验区引进了具有行业竞争力的跨境电商平台企业，培育了龙头电商企业，打造了自主品牌，建立起全产业链的跨境电子商务生态圈。

12.14.5 中国（莆田）跨境电子商务综合试验区

中国（莆田）跨境电子商务综合试验区打造跨境电子商务新业态、新模式；探索跨境电子商务管理新机制和新方法；打造完善的跨境电子商务产业平台和体系；培育自主跨境电子商务品牌。

12.14.6 中国（龙岩）跨境电子商务综合试验区

中国（龙岩）跨境电子商务综合试验区旨在成为闽粤赣边的跨境电商运营中心、仓储中心和集货中心。培育跨境电商企业，提高跨境电商进出口总额，打造“龙岩制造”品牌。

12.15 江西省 中国（南昌）（赣州）（九江）跨境电子商务综合试验区

12.15.1 中国（南昌）跨境电子商务综合试验区

中国（南昌）跨境电子商务综合试验区力求在跨境电商企业对企业（B2B）出口业务模式、跨境电商进口供应链业务模式、跨境电商服务贸易业务模式中取得创新和突破；打造“一站式”的跨境电商线上综合服务平台，推动跨境电商口岸物流平台和跨境电商产业园区平台的建设。发展成为内陆高水平开放型经济示范地和跨境电商进口供应链中心，产业集群跨境电商创新中心。

图 29　南昌跨境电子商务产业基地

来源：南昌综合保税区官网

12.15.2 中国（赣州）跨境电子商务综合试验区

中国（赣州）跨境电子商务综合试验区致力于培育跨境电商龙头企业、产业园区以及政务服务中心，促进跨境电子商务进出口贸易的增长。

12.15.3 中国（九江）跨境电子商务综合试验区

中国（九江）跨境电子商务综合试验区打造跨境电商龙头企业、跨境电商示范园以及自己的跨境电商品牌企业。积极推动海外仓的建设，打造跨境电商生态圈，推动九江成为辐射我国中部地区的跨境电商示范基地，成为区域性的国际物流枢纽城市。

12.16 山东省 中国（青岛）（威海）（济南）（烟台）（东营）（潍坊）（临沂）跨境电子商务综合试验区

12.16.1 中国（青岛）跨境电子商务综合试验区

利用青岛口岸具有的优势，复制并创新杭州经验，打造线下综合园区和线上“单一窗口”，建设金融服务体系、信息共享体系、电商信用体系、智能物流体系、统计监测体系和风险防控体系，率先有效地利用自由贸易协定政策。

图 30 青岛保税港区

来源：青岛保税港区官网

12.16.2 中国（威海）跨境电子商务综合试验区

与日本福冈、韩国仁川共同打造跨境电子商务国际合作服务新机制，实现跨境电子商务信息共享以及通关便利化，构筑以韩日为中心辐射全球的跨境电子商务体系。

12.16.3 中国（济南）跨境电子商务综合试验区

中国（济南）跨境电子商务综合试验区致力于打造跨境电商产业园区平台和跨境电商综合服务平台。跨境电商产业园区平台立足济南各区县的对外贸易产业基础，建设一系列跨境电商产业园区。立足跨境电商产业园区，打造高端装备产业、智能制造产业、医疗康养产业、量子产业以及大数据产业的产业集群。

12.16.4 中国（烟台）跨境电子商务综合试验区

利用大数据整合资源发展“互联网＋制造业”，利用跨境电商服务中心打造制造业的国际营销网络，构建跨境电商供应链生态圈。充分利用烟台保税港区的制度优势，发展区域性消费品集散中心。利用跨境电商发展冷链物流。推动烟台优势产品例如家纺服装、电子汽配等利用跨境电商进行外贸出口。利用烟台的交通优势，打造畅通国际的跨境电商物流。提高海鲜等产品的国际仓储和物流管理。支持重点跨境电商企业建设海外仓。

图 31　烟台自由贸易试验区

来源：烟台经济技术开发区官网

12.16.5 中国（东营）跨境电子商务综合试验区

中国（东营）跨境电子商务综合试验区大力发展跨境电商龙头企业，建设跨境电商产业园和海外仓，推动跨境电商交易的发展。与山东省邮政局合作助力跨境电商智慧物流体系的建设，提升智慧物流信息系统和仓储系统的水平，支持建设跨境电商相关的公共海外仓。

12.16.6 中国（潍坊）跨境电子商务综合试验区

中国（潍坊）跨境电子商务综合试验区大力引进跨境电商龙头企业和大型跨境电商平台，推动跨境电商园区的建设，孵化专业性的跨境电商服务商，鼓励建设公共海外仓和海外营销中心，助力跨境电商交易的发展。

12.16.7 中国（临沂）跨境电子商务综合试验区

中国（临沂）跨境电子商务综合试验区致力于使临沂本土品牌“卖全球”和消费者“买全球”更加便捷。大力培育跨境电商企业、跨境电商产业园区和跨境电商综合服务平台，以及海外仓、跨境电商创业实训基地。

12.17 河南省 中国（郑州）（洛阳）（南阳）跨境电子商务综合试验区

12.17.1 中国（郑州）跨境电子商务综合试验区

中国（郑州）跨境电子商务综合试验区鼓励跨境电商平台与国

际物流或快递企业对接、与国家交通运输公共信息平台对接。支持企业设立海外仓以及自有品牌。实现综试区“单一窗口”综合服务平台与国家交通物流公共信息平台信息共享。支持郑州新郑国际机场的发展。争取中国民航局对郑州开放航权。把新郑机场建设国际航空物流中心、货运枢纽。加快建设郑州国际邮件集散中心。支持郑欧班列运输国际邮件，提升郑州国际铁路港的运输能力，打通内陆地区与欧洲的跨境电商通道。

图 32　郑州航空港“跨境免税店”

来源：河南省人民政府官网

12.17.2　中国（洛阳）跨境电子商务综合试验区

中国（洛阳）跨境电子商务综合试验区致力于成为中西部地区跨境电商发展的新高地。重点拓展摩托车及零部件、装备制造、新材料等产品的跨境电商出口渠道。

12.17.3　中国（南阳）跨境电子商务综合试验区

中国（南阳）跨境电子商务综合试验区打造线上线下综合平台

和园区平台，培育跨境电商企业，疏凿跨境电商品牌，培养跨境电商人才。

12.18 湖北省 中国（武汉）（宜昌）（黄石）跨境电子商务综合试验区

12.18.1 中国（武汉）跨境电子商务综合试验区

把武汉市打造成国际商品交易展示中心、国际物流中心、货物集散与分拨中心、中部跨境电子商务创新基地、特色产业与跨境电子商务融合示范基地。综试区将重点在东湖高新区、武汉新港空港综合保税区等区域，打造特色跨境电商产业园。

图33 武汉东湖综合保税区

来源：武汉东湖综合保税区官网

12.18.2 中国（宜昌）跨境电子商务综合试验区

略

12.18.3 中国（黄石）跨境电子商务综合试验区

略

12.19 湖南省 中国（长沙）（岳阳）（湘潭）（郴州）跨境电子商务综合试验区

12.19.1 中国（长沙）跨境电子商务综合试验区

中国（长沙）跨境电商综合试验区利用其在湖南省“一带一部”的区位优势，发挥消费市场大、交通发达、人才丰富、电商基础好以及产业集群等资源，打造特色的跨境产业集群、生态的电商服务体系和便捷的物流通关渠道，发展成为中西部跨境电商发展的新高地，形成中西部跨境电商区域性集散中心。

图 34 长沙金霞保税物流中心

来源：长沙跨境电商综试区线上综合服务平台官网

12.19.2 中国（岳阳）跨境电子商务综合试验区

形成以电子商务示范基地和电子商务产业园为支撑的跨境电商发展格局；构建起“跨境出口产业明晰、跨境电商监管互认、跨境电商人才培育体系完善、跨境电商物流通道稳定”的跨境电商生态圈。

12.19.3 中国（湘潭）跨境电子商务综合试验区

将湘潭综合保税区打造成面向湖南中西部地区重要的跨境商品物流分拨中心、仓储中心、转口贸易中心和跨境电商创新发展先行区；将湘潭高新技术产业开发区、湘潭经济技术开发区打造成跨境电商零售企业集聚区；将湘潭天易经济开发区、湘乡经济开发区打造成跨境电商服务农村发展示范区。

12.19.4 中国（郴州）跨境电子商务综合试验区

略

12.20 广东省 中国（广州）（深圳）（珠海）（东莞）（汕头）（佛山）（梅州）（惠州）（中山）（江门）（湛江）（茂名）（肇庆）跨境电子商务综合试验区

12.20.1 中国（广州）跨境电子商务综合试验区

中国（广州）跨境电子商务综合试验区借助跨境电子商务推动传统国际贸易企业转型升级。推动跨境电子商务产业园区和公共平台共同融合发展，探索适应跨境电子商务发展的新型监管制度和体系。致力于将广州市发展成为全国的跨境电子商务先行区和新高地。

图 35 广州国际贸易单一窗口

来源：广州跨境电子商务综合试验区官网

12.20.2 中国（深圳）跨境电子商务综合试验区

中国（深圳）跨境电子商务综合试验区建设成了深圳市跨境电商线上综合服务平台，形成了跨境电商全产业链服务体系和通关监管网络，打造了以中国（广东）自贸区蛇口片区为引领，电子商务产业园和示范基地协同发展的新格局。综试区跨境电子商务规范化、标准化、国际化管理作业体系已经形成，并成为营商环境规范、产业融合和创新突出、投资合作便利的跨境电子商务金融贸易中和物流枢纽。

图 36 深圳市跨境电商线上综合服务平台

来源：深圳市跨境电商线上综合服务平台

12.20.3 中国（珠海）跨境电子商务综合试验区

中国（珠海）跨境电子商务综合试验区是粤港澳大湾区跨境电子商务的重要增长极，辐射粤西地区，并且联接中国与葡语系国际、拉美地区的跨境电子商务贸易。

12.20.4 中国（东莞）跨境电子商务综合试验区

中国（东莞）跨境电子商务综合试验区打通了跨境电子商务生态圈的各个节点，推动东莞形成交易、制造、物流、金融、结汇等全产业链生态圈，把东莞打造成粤港澳大湾区跨境电子商务的发展示范基地，并且打造了政府服务高效、投资贸易便利的营商环境。

12.20.5 中国（汕头）跨境电子商务综合试验区

中国（汕头）跨境电子商务综合试验区在汕头全市范围内统筹规划建设，在突出华侨特色的同时，促进行业整体发展。在汕头海湾南翼建设汕头综合保税区，在汕头海湾北翼建设宝奥城跨境电商综合产业园，推动粤东地区化工塑料、纺织服装、印刷包装、工艺玩具等产业完成数字营销升级，提升自主品牌，促进对外贸易的增长。

12.20.6 中国（佛山）跨境电子商务综合试验区

依托佛山市在珠三角核心区的贸易和物流交通中心枢纽优势，以及佛山市在先进制造业方面的优势，利用跨境电子商务促进制造业转型升级，打造跨境电子商务先行先试示范城市。

12.20.7 中国（梅州）跨境电子商务综合试验区

通过优化跨境电子商务营商环境，建立跨境电子商务新机制，打造原中央苏区跨境电子商务营商环境示范城市，对接“一带一路”国家以及客属地区，打造跨境电子商务合作平台，推进进出口贸易高水平发展。

12.20.8　中国（惠州）跨境电子商务综合试验区

中国（惠州）跨境电子商务综合试验区打造了跨境电子商务综合性的监管服务体系，着力发展跨境电子商务特色产业园区，打造跨境电子商务知名品牌，将综试区打造成中韩产业跨境电子商务合作平台和外贸转型升级示范园区。

12.20.9　中国（中山）跨境电子商务综合试验区

优化中山跨境电子商务产业链和营商环境，促进中山智造和传统外贸的转型升级，鼓励跨境电子商务新业态的发展，把中山打造成辐射大湾区、面向全球的跨境电子商务轻工产品进出口基地。

12.20.10　中国（江门）跨境电子商务综合试验区

中国（江门）跨境电子商务综合试验区致力于建设成为“立足江门、辐射粤西、联通全球”的跨境物流仓储中心区、数字商务先行试验区、侨贸电子商务引领区、跨境监管服务示范区。

12.20.11　中国（湛江）跨境电子商务综合试验区

中国（湛江）跨境电子商务综合试验区打造辐射粤西地区以及环北部湾城市群的制造业转型升级示范区，跨境电子商务服务平台。

12.20.12　中国（茂名）跨境电子商务综合试验区

中国（茂名）跨境电子商务试验区致力于发展农产品跨境电子商务贸易，打造农产品跨境电子商务先行示范区，立足粤西、发展辐射至大西南地区的跨境电子商务货物集散地。

12.20.13 中国（肇庆）跨境电子商务综合试验区

肇庆利用粤港澳大湾区对西南地区和东盟地区的辐射作用，持续推动肇庆跨境电子商务产业规模的扩大，企业电子商务利用率的全面提高。

12.21 广西壮族自治区 中国（南宁）（崇左）跨境电子商务综合试验区

12.21.1 中国（南宁）跨境电子商务综合试验区

进一步畅通“南宁渠道”，加快构建立足东盟、面向全球的“买全球、卖全球”国际贸易体系。

图37 南宁综保区

来源：南宁海关官网

12.21.2 中国（崇左）跨境电子商务综合试验区

按照“依托国内、立足崇左、面向东盟、走向全球”的思路，把崇左跨境电子商务综合试验区打造成买东盟、卖东盟，甚至是买全球、卖全球的高层次开放型试验区。

12.22 海南省 中国（海口）（三亚）跨境电子商务综合试验区

12.22.1 中国（海口）跨境电子商务综合试验区

促进线上“跨境电商综合服务监管”平台和线下“综合园区”平台的融合互通，具有海南特色的跨境电子商务新模式新业态。

图 38 海口综合保税区

来源：海南自由贸易港官网

12.22.2 中国（三亚）跨境电子商务综合试验区

按照海南自由贸易港建设的要求，中国（三亚）电子商务综合试验区发展成为现代化经济发展引擎、全球供应链采购中心和跨境电子商务服务中心。通过三亚跨境电商综合试验区推动海南自由贸易港跨境采购，打造跨境电商全产业链。通过三亚跨境电商综合试验区的建设推动跨境电子商务与热带农业、深海科技的融合和发展。打造面向南亚、东南亚和非洲的海上丝绸之路跨境电子商务服务中心。

图 39　海南自由贸易港三亚中央商务区

来源：海南自由贸易港官网

12.23　重庆市 中国（重庆）跨境电子商务综合试验区

发挥“渝新欧”国际铁路联运大通道优势，推进跨境电子商务与战略性新兴服务业、制造业协调发展，建设内陆跨境电子商务综合试验区。

图 40　重庆自由贸易试验区区域识别系统

来源：两江新区官网

12.24 四川省 中国（成都）（泸州）（德阳）（绵阳）跨境电子商务综合试验区

12.24.1 中国（成都）跨境电子商务综合试验区

中国（成都）跨境电子商务综合试验区联接“丝绸之路经济带”各国电子商务，引领西部跨境电子商的创新，是全国电子商务与国际市场链接的中继和西大门。成都跨境电子商务综试区依托“单一窗口、全域互通”平台，面向西部提供优质跨境电子商务通关服务。

图 41　成都自由贸易试验区

来源：成都自由贸易试验区官网

12.24.2 中国（泸州）跨境电子商务综合试验区

以四川自贸试验区川南临港片区为核心，打造专业的产业园和区县产业园发展格局。泸州综试区是长江经济带的跨境电商创新示范先行区，链接长江经济带和“一带一路”的跨境电子商务的重要节点。

12.24.3 中国（德阳）跨境电子商务综合试验区

中国（德阳）跨境电子商务综合试验区致力于打造中西部内陆开放型跨境电子商务综合试验区、成渝地区双城经济圈的跨境电商创新示范区以及装备制造进出口基地。

12.24.4 中国（绵阳）跨境电子商务综合试验区

中国（绵阳）跨境电子商务综合试验区致力于成为西部地区跨境电商创新发展新高地、西部地区高水平开放经济示范区。

12.25 贵州省 中国（贵阳）（遵义）跨境电子商务综合试验区

12.25.1 中国（贵阳）跨境电子商务综合试验区

在贵阳保税区建设海关大数据深化应用中心、跨境电商大数据综合服务中心、跨境电商物流集散中心和跨境电商双创中心。在贵阳市观山湖区建设跨境电商人才综合服务基地和跨境电商贸易小镇。在双龙航空港经济区建设国际快件中心和国际邮件互换局。在贵安综合保税区建设跨境电子商务保税区和商品集散基地以及跨境电商保税加工中心。

图 42　贵阳综合保税区

来源：贵阳综合保税区官网

12.25.2　中国（遵义）跨境电子商务综合试验区

推动遵义综合保税区、黔北物流新城和新舟机场航空口岸的联合发展，促进传统产业与跨境电商融合发展，实现中国（遵义）跨境电子商务综合试验区的快速发展。

12.26　云南省　中国（昆明）（德宏）跨境电子商务综合试验区

12.26.1　中国（昆明）跨境电子商务综合试验区

中国（昆明）跨境电子商务综合试验区旨在建设面向东南亚、东亚的跨境电子商务商品展示中心、物流中心，打造跨境电子商务全产业链。

图 43 云南自由贸易区昆明片区

来源：云南自由贸易试验区官网

12.26.2 中国（德宏）跨境电子商务综合试验区

略

12.27 陕西省 中国（西安）（延安）跨境电子商务综合试验区

12.27.1 中国（西安）跨境电子商务综合试验区

西安高新综合保税区、西安综合保税区、西咸空港保税物流中心、西安航空基地综合保税区和西安出口加工区联动发展，打造中国（西安）跨境电子商务生态圈。

图 44　中欧班列长安号

来源：中国（西安）跨境电子商务综合试验区官网

12.27.2　中国（延安）跨境电子商务综合试验区

延安高新区、延安新区和南泥湾开发区联动发展，特别是助力小微企业的发展，将延安跨境电子商务综合试验区打造成对外贸易转型升级试验区、进出口商品集散交易示范区、内外贸融合发展试验区。

12.28　甘肃省　中国（兰州）（天水）跨境电子商务综合试验区

12.28.1　中国（兰州）跨境电子商务综合试验区

中国（兰州）跨境电子商务综合试验区积极复制借鉴天津、杭州等地的成功经验，打造了跨境电商的“六体系两平台”。

复制杭州、天津等跨境电商综合试验区的成熟经验，加快打造跨境电商“六体系两平台”，推动了兰州对外开放发展。目前兰州跨境电子商务综合试验区有兰州铁路口岸新区（跨境直购）和兰州新区综保区（保税备货）两个监管区域。兰州高新区跨境电商产业园和兰州丝路跨境电商产业园已经建成。在中哈合作中心和哈萨克斯坦阿拉木图市的公共海外仓已经建成。

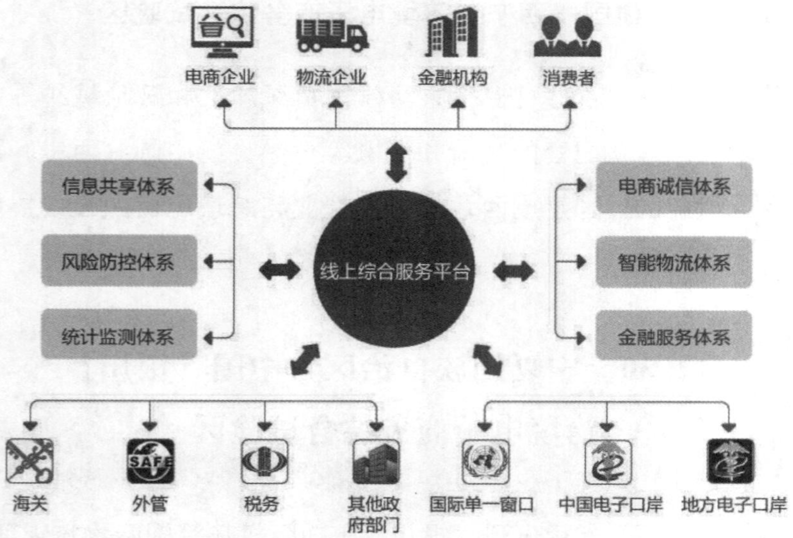

图 45 兰州跨境电子商务综合试验区线上综合平台

来源：兰州跨境电子商务公共服务平台官网

12.28.2 中国（天水）跨境电子商务综合试验区

中国（天水）跨境电子商务综合试验区促进跨境电子商务公共服务平台与智慧交通、智慧海关、智慧城市、智慧金融等平台共同发展，培育跨境电子商务产业生态。

12.29 青海省 中国（海东）（西宁）跨境电子商务综合试验区

12.29.1 中国（海东）跨境电子商务综合试验区

聚焦轻工业、农牧业、清洁能源和文旅产业，重点发展大宗商品贸易，把中国（海东）跨境电子商务综合试验区发展成为丝绸之路经济带的重要物流节点和我国内陆开放型经济的新高地。

12.29.2 中国（西宁）跨境电子商务综合试验区

以光伏锂电、新材料、高原动植物精深加工和藏毯绒纺等特色产业为中心，建立配套的物流和金融等体系，将中国（西宁）跨境电子商务综合试验区建成西北地区制造业与跨境电商融合发展的示范区。

12.30 宁夏回族自治区 中国（银川）跨境电子商务综合试验区

借助中欧国际货运班列、银川河东国际机场等国际物流大通道，使宁夏内陆开放型经济试验区、银川综合保税区、银川经济技术开发区、中阿国家博览会等平台联合发展，推动中国（银川）跨境电商综合试验区成为宁夏省高质量对外开放的引擎。

12.31 新疆维吾尔自治区 中国（乌鲁木齐）跨境电子商务综合试验区

中国（乌鲁木齐）跨境电子商务综合试验区利用新疆地处丝绸之路经济带铁路、空港和公路综合交通枢纽的独特区位优势建设国际展示交易中心、国际物流中心，推动辐射欧亚的跨境电子商务的发展。

12.32 中央商务区跨境电子商务商业模式创新

从以上各地跨境电子商务的发展目标和总体规划可以看出。多地跨境电子商务都提出要打造跨境电子商务产业链和生态圈。在此我们从中央商务区跨境电子商务商业模式创新来看跨境电子商务生态圈的发展状况。

天津市滨海新区跨境电商生态圈已经形成。根据2017年7月《中国（天津）跨境电商综合试验区实施方案》，天津市认定了中央商务区于家堡环球购、东疆保税港区、天津港保税区、空港航空物流区等7个跨境电商创新试验区，打造跨境电商的发展格局。滨海新区中央商务区打造了“1+1+1”跨境电商产业生态体系，即搭建一个跨境电商公共服务平台，提供一系列综合跨境业务服务，组建一个京津冀跨境电商产业联盟。

1. 跨境电商公共服务平台

2016年3月，在天津滨海新区，跨境电商信息化综合服务平台投入运营，包括检验检疫监管、海关通关管理和综合服务三大平台。这三个平台信息共享，互联互通。综合平台链接仓储企业、物流企业、电商企业和支付企业，实现了“一次申报、一次检验、一次放行”。

2. 综合跨境业务服务

中央商务区跨境电商综合跨境业务服务以物流通关、公共信息服务、金融增值服务三位一体的服务体系为核心竞争力，优化跨境电商服务模式，提升消费者购物体验。引进跨境电商龙头企业落户发展，整合跨境电商综合试验区的各种资源，加快信息、资金、人才等要素在天津中央商务区集聚。滨海新区中央商务区引进了大型跨境支付企业易支付，建成了全国性的结算中心。另外平台为企业提供外汇、海关、税务、电商、金融、物流一站式服务。

3. 京津冀跨境电商产业联盟

在于家堡中央商务区成立的京津冀跨境电商产业联盟，涵盖了电商平台、企业自营、服务商、国际物流和第三方支付等产业链多个环节。通过整合产业资源、建立合作机制等多项举措，有效促进了京津冀跨境产业资源的共享。联盟里上下游企业资源共享，不同类型和提供不同服务的企业之间可实现共赢。

此外，2019 年 9 月，首届中国（天津）跨境电商生态峰会在天津盛大召开。天津市河西区跨境电商产业园签约落地，标志着天津市跨境电商发展进入新里程。eBay 通过与政府、服务商、卖家、高校等产业链要素全方位合作，引领跨境电商生态圈的形成，发掘北方地区优势产业带、培养跨境电商人才，助力更多天津以及北方地区的企业和品牌通过 eBay 平台走向国际市场。

跨境电商生态圈商业模式创新是典型的企业能力开发型商业模式创新。这种商业模式创新不会影响现有产品的竞争优势，但是会促进企业改善现有的企业经营资源和经营能力。跨境电商快递物流是跨境电商生态圈的主要痛点之一，跨境电商物流供应链解决方案商业模式的研究对促进跨境电商生态圈商业模式的创新和发展具有非常重要的意义。

中央商务区肩负着国家发展更高层次开放型经济的战略任务。跨境电商构建了开放高效便利的对外贸易模式，有利于加快响应国家“一带一路”倡议。中央商务区跨境电商商业模式集合两种商业模式的优势于一身，必将在我国未来经济的发展中发挥越来越重要的作用。

天津滨海新区中央商务区不断拓展企业能力和企业资源，打造了一个跨境电商生态圈。首先，公共服务平台的投入使用，打造了国际一流的政府服务环境，实现了阳光通关。其次，跨境电商产业联盟的成立，实现了跨境电商产业链相关主题的多渠道融合拓展、供应商合作共赢、全渠道品类规划等优势。中央商务区自身的优势会吸引全球最优秀的跨境电商企业入驻、吸引高端消费者的集聚、雇佣精英销售人员与客户形成良好互动、快速引进新产品、进行全渠道品类的规划等。最后，就是综合跨境业务服务方面的企业能力拓展和创新，提供包括物流通关、公共信息服务、金融增值服务等一系列服务。

跨境电商商业模式使得流通渠道简单化，小微企业很容易参与到国际贸易中。跨境电商商品具有多频次、小批量、品类多、体积重量差别大等特点，不同品类的商品所需要的物流解决方案不同，跨境快递物流要实现门到门的服务，即国际国内物流的无缝链接。但是目前跨境快递物流的发展远远落后于跨境电商的发展，问题频出，导致消费者体验差，而且跨境电商供应链的各方面仍然存在着诸多不足之处。可以说，跨境电商行业的主要痛点之一就是跨境物流供应链，如时间、成本平衡，供应链效率，供应链可视化等是非常重要的因素。同时，灵活递送，逆向物流也越来越受到网络购物者的关注。

优质的供应链解决方案能够为跨境电商生态圈商业模式提供巨大的价值，海外供应链是所有跨境电商的共有难题。谁能够把握住海外供应链，谁就能够在激烈的市场竞争中胜出。

跨境电商生态圈建设的原则是政府不一定要面面俱到，事事包办，政府应该借力专业的跨境电商物流供应链运营公司，不单单给予中央商务区资金和政策的支持，还需要引进专家和跨境电商物流供应链龙头企业，以市场为导向，吸引跨境电商物流供应链企业落户产业园。

跨境电商企业的自建物流和供应链服务是非常有意义的，在很长一段时间会与第三方物流供应链企业共同存在。中央商务区跨境电商生态圈商业模式有必要从以下几个方面拓展其综合跨境业务服务方面的企业能力：

①定期召开跨境电商生态峰会，可以采用跨境电商线下直营店模式与国内外知名跨境电商企业建立合作关系，增进世界各国企业之间的互信合作和共同发展；针对跨国企业在国际供应链管理过程中出现的问题，建立配套的管理制度和标准规范，健全跨境电商物流供应链国际合作机制。

阿里、京东、网易考拉等本土跨境电商企业都在供应链、物流及保税仓储方面拥有自己的体系，需要助力其拓展市场，吸引资本的投入；而 eBay、亚马逊等国际跨境电商企业已经拥有全球采购的供应链优势，需要助力其打造中国国内的跨境电商产业链和生态圈。

②携手顺丰等商业快递企业打造中央商务区跨境电商供应链解决方案服务平台，推进跨境电商物流便利化，具体包括：

第一，吸引跨境物流供应链综合服务企业入驻中央商务区，鼓励第三方物流公司、第四方物流公司等物流供应链综合服务企业为跨境电商提供通关、仓储、融资等服务，引导企业规范经营。

第二，因为没有海外网络，我国商业快递企业一直无法独立承担全程物流。我国商业快递布局跨境物流供应链，顺丰的国际网络铺设的最为广泛。作为跨境电商物流解决方案的提供者，需要与时俱进，积极开发顺应中央商务区跨境电商发展趋势的解决方案。国际快递企业只有在与跨境电商的紧密协作中共同发展，才能在未来的市场中站住脚跟。国际快递企业应结合当前市场发展情况树立全球化的营销意识，结合不同国家和地区情况做到具体问题具体落实，制定有效的跨境电商物流供应链营销战略。

第三，商业快递企业与邮政网络相比上存在诸多差距，通达范围有限，短时间内无法与万国邮联框架下的多边协议抗衡。中央商务区应该助力国内商业快递物流企业跨境电商贸易纠纷的解决。

③为了吸引跨境电商中小企业入驻中央商务区，中央商务区需要在一定程度上介入物流和售后服务，为中小企业提供跨国物流解决方案，帮助入驻中央商务区跨境电商平台的中小卖家选择合适的物流方式。

第13章

疫情对跨境电商物流供应链带来的机遇与挑战

13.1 我国出台的针对疫情影响的稳外贸政策

从2020年开始，外贸发展受疫情影响面临着前所未有的挑战。外贸企业都面临着现有订单取消或者延期、新订单重大损失签订困难，物流受阻等问题。据海关统计，从2020年1月到2月，中国进出口、出口和进口分别下降9.6%、15.9%和2.4%。

在这种严峻的形势下，国务院紧急出台了稳外贸的政策措施。2020年4月7日，国务院再次增加设置跨境电子商务综合试验区，举办线上广交会等措施，力求稳住外贸基本盘。具体措施包括六个方面：

（1）新设46个跨境电子商务综合试验区

2020年4月7日，国务院增设46个跨境电子商务综合试验区，全国共计105个跨境电子商务综合试验区，覆盖30个省市自治区，打造了东西部双向互补、海陆空内外联动的外贸发展新格局。

（2）减免税

跨境电商综合试验区内的电商出口企业货物即使还没有取得进货凭证，仍然按规定实行增值税和消费税的免税政策。

（3）按个人自用物品监管

具备条件的跨境电子商务综合试验区所在城市，已经纳入跨境电子商务综合试验区在电子商务零售进口的试点范围内的，可开展保税备货业务。对所进口的货物按照个人自用物品进行监管并在交易额内享受优惠税率。

(4) 办事便利

适用“简化归类和清单验放”，提高支付机构跨境外汇支付单笔交易限额，简化小微跨境电商货物贸易收支手续，优先增设国际邮件互换局等便利化措施。

(5) 鼓励建立海外仓

鼓励企业在海外建造高质量的海外仓，进一步优化国际物流和营销网络。

(6) 保障国际物流供应链稳定畅通

进一步优化和保障国际航空货运和中欧班列的物流承接能力，承接海运和空运的转移货源。

13.2 疫情对跨境电商物流供应链的影响

本次疫情对跨境电商企业平台以及物流供应链等相关环节都带来了很大的挑战，同时也带来了很多的机遇。

第一是对平台的影响。跨境电商平台企业尤其是中小卖家经营困难、物流配送缓慢，外国消费者短期内对中国商品缺乏信任。亚马逊全球、速卖通、Wish等跨境电商平台相继推出政策措施应对本次危机。

第二是对供应链的影响。短期内包括浙江、江苏、广东在内的跨境电商商品将出现短缺。大多数中小型跨境电商卖家都没有足够的商品，商品售完后就没有库存了。

第三是对物流的影响。国内物流没有恢复的话采购就无法进行。航班减少会影响国际物流，如果采用海运，周期就会变长。

疫情给跨境电商带来挑战的同时，也带来了机遇。

第一，疫情期间消费者无法出门，更加依赖网购。

第二，跨境电商平台不断创新快递物流方式，使得消费者对于网络购物更加青睐。

第三，许多电商平台，例如阿里巴巴、美团、京东积极驰援疫区，努力保障商品不涨价不断货，提升了品牌形象。

13.3 eBay面临的跨境电商物流供应链的机遇与挑战

13.3.1 疫情期间，eBay出台的对应措施

在国内，eBay联结着大量跨境电商出口企业，特别是中小企业。疫情期间，受到物流不畅、工厂停工等多方面因素的影响，很多卖家受到了物流受阻、供货短缺等多方面的挑战。eBay火速出台多项政策，以保护卖家在疫情期间产生的交易。

首先，对于从中国大陆和香港发货的物品，无论使用何种物流方式，eBay后台统一都按照延长的假期日历来计算订单处理截止时间与预计最晚收货时间。对于卖家的评级、相关的考核模型以及未收到货纠纷也都根据这个保护原则做出计算的相应调整。

其次，对于部分卖家由于物流受阻、库存不足或人手受限等原因无法将疫情期间积压的货品顺利寄出，eBay决定，如果卖家在规定的日期前选择取消订单，并选择缺货，那么这笔交易所产生的缺货记录将得以移除，不会影响店铺考核。除此之外，eBay还会协助处理因疫情导致的未到货纠纷等，切实保护中国卖家们的利益。

13.3.2 疫情期间，eBay 跨境电商物流供应链面对的挑战

此次疫情对跨境电商行业还是带来了一定的影响，行业面临着多方面的挑战。

第一，对供应链的挑战，特别是做跨境直发货的卖家，在疫情的影响下，很多国内工厂人手受限，开工不足，造成供应短缺，有部分卖家面临无货可卖的情况。部分专注于海外仓的卖家，年前备货充足的话，可能受的影响会小一些，然而后续货品是否能及时跟上，也是卖家担心的主要问题。

第二，物流配送延迟，会引起消费者退款、退货。

第三，新品的开发、生产和销售将会面临阻力。

13.3.3 后疫情时代，eBay 跨境电商物流供应链面临的机遇

eBay 坚定地与广大中小跨境电商出口企业一起携手共渡难关。除了前面提到的出台卖家保护政策与措施，eBay 还多方面提供保障，助力卖家尽快恢复业务运营。

在物流方面，eBay 与橙联物流合作推出的 SpeedPAK 服务于 2020 年 2 月 10 日即开始恢复运营。在疫情严峻的特殊时期，SpeedPAK 发挥优势，提早锁定多家航空公司仓位以确保稳定的运输时效，在 100%努力做好卫生防疫的同时，全力提供强有力的运营保障，帮助卖家把货物安全可靠地送达买家手中。而 SpeedFreight 海运服务也同样提前计划，落实节后复工的船期，全力保障货物运输时效，保障卖家及时补货海外仓。

面对线下活动难以开展的困局，eBay 及时推出线上招商直播系列——新卖家磐石计划，帮助企业在跨境电商加速发展下，如何快速

入门跨境生意，开启出海之路。“磐石无转移”，eBay 推出的新卖家磐石计划将持续为卖家提供“磐石”般稳妥、可靠的出海选择和方案。

业务部门团队也针对卖家关心的政策保护等话题，开启线上培训课程。而通过微信渠道，eBay 也每天发布针对疫情当下店铺运营、选品、优化刊登等各方面建议，鼓励卖家利用疫情期间的空余时间修炼内功，认真优化站点各流程体验，为之后恢复正常业务后的爆发做准备。[①]

13.4 阿里巴巴面临的跨境电商物流供应链的机遇与挑战

在疫情期间，东南亚的大部分民航都暂停了，跨境物流受到了很大影响。阿里巴巴的东南亚电子商务平台 Lazada 与物流公司联合起来将电子商务产品和防疫物资运往世界 100 多个国家和地区。

阿里巴巴与泰国、马来西亚合作建立世界电子贸易平台，以帮助中小企业数字化报关和快速清关，缩短物流时间。通过人工智能和电子商务，帮助各国抗击疫情，尽快恢复经济发展。

东盟国家为跨境电子商务提供的优惠政策减少了进口商品的市场准入壁垒，免除许多商品进口前的预先批准程序，如注册、备案和许可证。跨境电子商务通过大数据分析，降低了滞销商品的比例，加快了产品迭代，提高了产品质量，加快了资金周转。

阿里巴巴提供 10 亿元医疗物资专项基金，快速开展医疗预防保护物资的全球采购。菜鸟网络与多个跨境电子商务物流公司合作，

---

① 网经社 . eBay 全球副总裁郑长青：疫情对跨境电商带来机遇 但物流挑战突出［EB/OL］. https：//t. cj. sina. com. cn/articles/view/2738383473/a3386a7100100suxd?from=tech&subch=internet（参考日期：2020 年 4 月 1 日）.

启动了捐赠物资的全球免费运输，跨境电商行业积极地参与抗击疫情，推动了跨境电商行业产业链的变革和创新。

由于疫情的影响，许多跨境物流线路中断，菜鸟物流却维持着全球物流网络的正常运转，能够每天将数十万商家的包裹运送到欧洲、北美等地。

13.5 顺丰速运面临的跨境电商物流供应链的机遇与挑战

与唯品会的合作，可以说是顺丰速运在防疫期间保障大客户业务正常运营的一个样本和缩影。顺丰速运负责的物流收发，严格按照邮政和交管部门的要求，落实每日的消毒清洁，保障场地和人员的防护卫生，保障客户包裹的全程安全。为确保广大客户的寄递安全，减少人员接触，保障客户的安全，部分区域提供自寄自取为主的收派件服务，快递员将提前与收件人电话联系，采取预约放入丰巢柜，或网点自取自寄等形式。此外，顺丰速运还通过春节不打烊、提供大客户快递服务全生命周期优先保障、无理由退货等多项举措保障唯品会商品运送时效。通过与顺丰速运合作，唯品会提高了快递效率，降低了物流费用，保障了终端配送服务，提升了消费者体验。即使是在全国快递运力最紧张的春节和防疫叠加期也没有改变。从唯品会的反馈，我们也不难看出顺丰速运大客户业务保障的经营策略——以市场为导向、以客户为中心，提供更稳定、更优质的服务，持续提升服务质量、行业服务能力和用户体验，实现共赢。[①]

---

① 上海东方都市网．“疫情大考”下的快递业，顺丰为何备受青睐？［EB/OL］．http：//www.ebrun.com/20200221/374420.shtml.

13.6　后疫情时代跨境电子商务日语翻译人才培养模式

图46为跨境电子商务日语翻译人才培养模式组织系统结构图，图中显示了日语翻译人才培养模式包括学生个人因素、文化教育系统因素、管理组织系统因素。建档细分学生个人基本情况、学生个人发展需要、学生个人特长专长、学生个人其他因素；教师的专业特长、全部课程的设置、教学的硬件设备、教学效果的评估、教学监督管理体系、其他因素；组织管理纪律、复合型跨境电商日语翻译人才教育系统、其他的基础教育管理系统、其他因素。

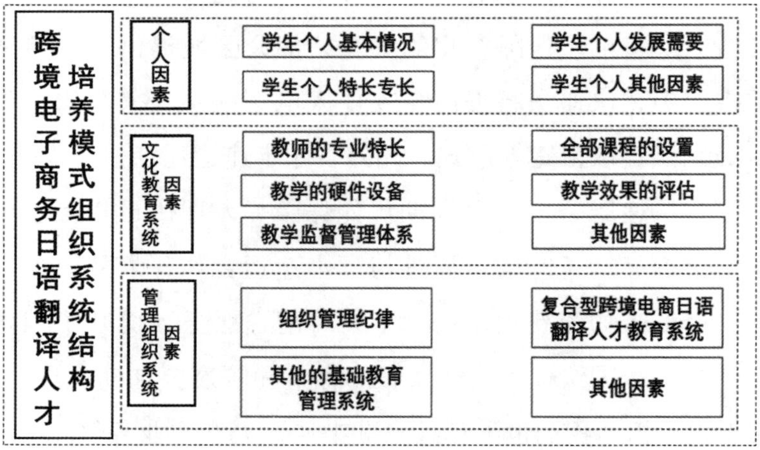

图46　跨境电子商务日语翻译人才培养模式组织系统结构图

不同的跨境电商企业对于跨境电商日语翻译复合型人才的需要是不同的。基于神经网络理论可以站在跨境电商企业的角度，构筑合理的符合企业需要的人才培养组织系统和培养模式。神经网络系统科学理论从整体的视野和全球化的视野分析了培训系统整体和部分的关系。

图 47 为跨境电子商务日语翻译人才培养的游戏链网络，该网络展示了加强与企业的联合、扩大与企业联合的规模数量、完善跨境电子商务日语翻译人才培养模式的模型设计，精准分析了学生个人因素、文化教育系统因素、管理组织系统因素。

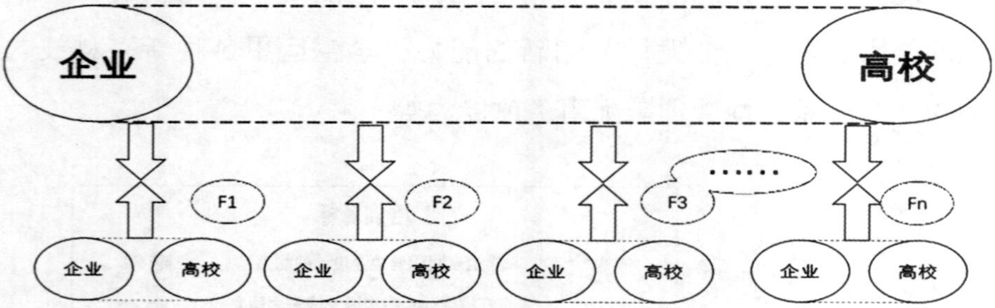

图 47　跨境电子商务日语翻译人才培养的游戏链网络

在神经网络理论的游戏链网络中，跨境电子商务日语翻译人才培养的组织体系包括两个游戏链条：企业和高校，如图 47 所示。在游戏链网络中，两个参与者（企业和高校）互相影响，交换信息，最后寻找到跨境电子商务日语翻译人才培养的最佳结合点。F 代表各个环节的游戏和整体游戏之间相互影响的因素。

培养模式是跨境电商日语翻译复合型人才培训组织系统的一部分，取决于培养目标、培养系统和人才职业生涯的设定。在本项目中，跨境电商日语翻译人才培养的目标主要是根据企业和高校的需要，建立相应的培养系统和计划，采用相对应的教学方法和方式来培养学生与时俱进的开放视野和创新精神、跨境电子商务专业技能和日语语言能力。培养系统包括文化和学校运营规划、规章制度、企业和高校的经营管理和进化系统。培养的方式主要有教室教学、课后任务和实习实践。

图 48 为跨境电商日语翻译复合型人才培养模式游戏群链模型示

意图，展示了游戏群链的形式，定义了游戏群链网络系统组织。图中逐步建立起人才培训系统，即管理运营系统、规章制度系统和评价评估系统。通过课堂讲授、课后任务、实习实践等培训方式，实现跨境电子商务日语翻译人才的培训目标，即学生自我职业生涯设计的能力、学生在国际社会中沟通交流表达能力、学生主动获取信息的能力、学生业务发展和创新的能力、学生运用各种新兴科技的能力、学生系统地管理国际事务的能力等。

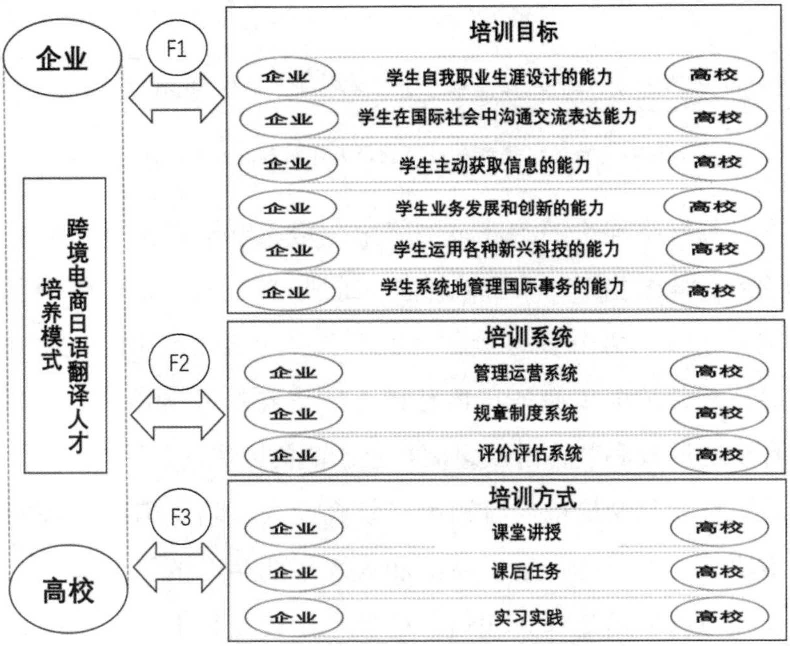

图 48　跨境电商日语翻译复合型人才培养模式游戏群链模型示意图

图 49 为跨境电商日语翻译人才的培训系统建设，通过每日的例行检查，不断改善课程的设置、分析适应环境变化的跨境电子商务的岗位设置要求，深入分析学生个人素质和知识结构，不断调整人才培训的目标和标准、完善培训计划和评估过程、充实培训计划和培训材料。

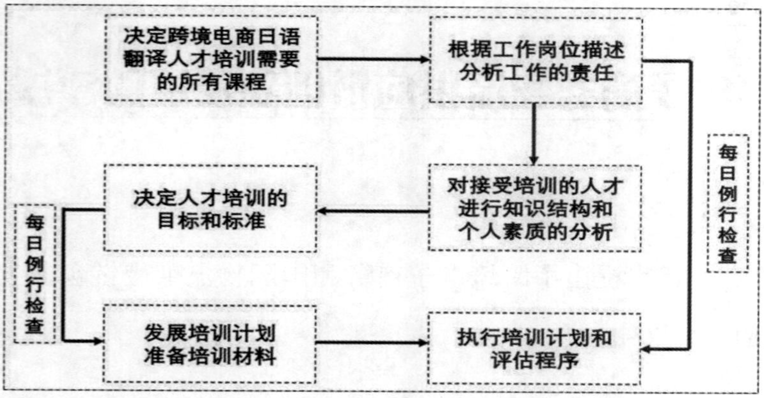

图 49　跨境电商日语翻译人才的培训系统建设

跨境电子商务日语翻译人才培养系统一般包括课堂讲授、企业短期实习、企业员工在职培训和其他内容。其中，在培养课程设计方面，基于跨境电商企业对人才的需求，根据员工个人特长和素质结构，最终使培训课程服务于特定的电商岗位。例如，跨境电子商务企业的网站规划岗位的最基本的要求：员工必须非常熟悉网站规划、业务流程规划和运营，熟悉跨境电子商务业务流程，熟练掌握网络知识，准确领会跨境电商业务网站的功能需要等。通过这些课程训练，人才培养流程更加有目的、有效率。

第14章

跨境电子商务物流供应链创新发展的建议

在此，笔者提出了跨境电子商务和国际物流供应链创新发展的几项建议。

14.1 打造跨境电商国际品牌

打造跨境电商国际品牌，可以借鉴杭州经验。“杭州亚马逊全球开店品牌50强”项目引人关注。亚马逊全球开店，在杭州地区面向制造商、品牌商、国内知名电商及具备原创设计能力的新兴品牌企业，优选出50家企业，为其提供量身定制、全方位的跨境品牌打造支持。中国（杭州）跨境电子商务综合试验区大力扶持“50强企业”，帮助企业享受跨境出口电商的优惠政策。

14.2 营造跨境电商良好交易环境

这方面可以借鉴深圳市的做法和经验。

跨境电子商务存在国际纠纷解决不畅、市场秩序混乱等问题。深圳市市场监督局制定并发布了《关于促进跨境贸易电子商务市场健康快速发展的意见》，对系统建设、标准建设、权益保障、市场监管等方面进行了建设性的创新，形成了深圳跨境交易监管的新模式，促进了深圳跨境电子商务的健康快速发展。

深圳市为企业提供可信公共服务，为跨境电商包括环球易购、华强沃光、兰亭集势、傲基等知名电商企业提供主体身份验证、信用信息、产品查验和安全保障服务。跨境电商企业通过了主体验证，企业信誉度和交易额都得到了提升。为保护消费者权益，目前，跨境电子商务在线非诉讼纠纷解决平台已搭建，还加强了国际贸易政策咨询服务。

14.3 加大跨境电商人才培养力度

跨境电商校企合作人才培养模式可以实现校企资源共享、优势互补、合作共赢，帮助学生获得更多的实践机会，实现学校人才培养与企业实际需求的融合、有效对接，使企业获得稳定的、专业技能强的人才。例如，广州商学院为了应对跨境电商快速发展对人才培养需求迫切的新形势，积极与企业合作联合培养跨境电商人才，如与广东新航线跨境电子商务服务有限公司设立“跨境电商订单班”，承办广东省跨境电商行业协会高级培训班等，拓宽了学生的国际视野，并使学生掌握了更多的专业技能。

14.4 重视跨境电商技术创新，大力发展云服务

跨境电商企业要推进技术转型，打造智能商业体，积极在人工智能领域布局。企业不能依靠打广告战及价格战，忽视技术创新。随着人工智能、大数据、VR（虚拟现实技术）、新零售等新技术、新模式越来越快速地渗入电商行业，5G时代来临，4亿中产消费井喷，中国的跨境电商行业已经进入新阶段。

在2018中国（杭州）国际电子商务博览会——跨境电商论坛上，PingPong首席科学家陈鹏发表了主题为《跨境支付技术创新赋能跨境电商行业增长》的主旨演讲。他指出，其实2C端优秀的互联网产品具备三个特征：高频、标准化、刚需。高频就是我们每天都会用到很多次，在上面花的时间很多；标准化，它解决的是一个标准化问题，用的是一个标准化产品；刚需就是你一定要用，你不用这家也要用那家。

PingPong推出了一系列的服务，包括光年，把回款周期由最长的120天缩短到当天到账。另外一个是PingPong一直所坚守的全球合规体系，覆盖全球的合规网络。因为跨境支付是一个需要从端到端的合规体系，PingPong符合全球五大监管体系，包括美国、日本、中国香港，也包括国内、欧洲，都有支付牌照。PingPong建立了全球合规支付网络，拥有九个全球分支机构，符合五大金融监管体系，在欧洲和全球各地拥有三个全球数据中心。PingPong在技术上助力中小企业出海体现在以下三个方面：第一，PingPong在财务方面合规保障中小企业的财务安全；第二，PingPong通过全球商机大数据去帮助商户对接新兴的平台，使中小商户能够积极扩展他们的业务；第三，PingPong通过数字普惠金融服务，去帮助电商做到贸易融资或者是做到金融信贷领域。

14.5 针对跨境电商制定真正有效的物流解决方案

跨境电商作为现在炙手可热的商业模式，在快速发展的背后，其在供应链的各方面仍然存在着诸多不足之处。时间、成本平衡，供应链效率，供应链可视化等在传统贸易中便是非常重要的因素，在零售业和工业生产业越来越向线上交易靠拢的今天更加显得举足轻重。灵活递送，逆向物流也越来越受到网络购物者的关注。

优质的解决方案能够为企业提供巨大的价值。作为跨境电商物流解决方案的提供者，第三方物流供应商也需要与时俱进，积极开发顺应行业发展趋势的解决方案。随着线上消费者的成长，其关注点也已经渐渐从价格转向对优质服务的需求。更能满足消费者需求的优质服务往往比更低的价格更有吸引力。因此，第三方物流企业一定要以提供优质服务和物流解决方案为发展导向，在与跨境电商的紧密协作中共同发展，才能在未来的市场站住脚跟。目前提供跨境物流解决方案的公司有以下几家：

（1）UPS 快递

UPS 的业务最大区域是物流最发达的美国地区，占该公司整体业务的近 90%，欧洲紧随其后。近年来，因为中国的跨境电商业务急速发展，亚洲市场也快速提升。

（2）FedEx

FedEx 与 UPS 类似，其业务最大来源也是美国本地，占比近 80%；而与 UPS 不同的是其快递方式主要占比是空运部分，约 85% 的占比都来自空运。

（3）Deutsche Post World Net

德国邮政世界网，DPWN 的四大业务板块分别为邮政、快递、物流和金融服务，主要业务市场也是欧洲地区，但从其物流板块的业务占比来看，整个欧洲市场的占比 70%左右，而其他主要市场为美洲等物流发达区域。

（4）A. P. Moller-Maersk Group

A. P. Moller-Maersk Group 中文名为马士基集团。该集团于

1904 年在丹麦成立，发展至今在全球 130 多个国家设有办事处，马士基集团被誉为全球性的集装箱运输公司。

14.6 构建跨境电商第三方平台

通过建设领先的第三方服务平台，可以设立行业准入门槛，制定跨境电商行业规范；第三方平台可以联合行业内的权威部门通过跨境白皮书或业务指标的形式发布行业标准；对添加到平台的资源进行分类，建立星级评定体系，为行业发展提供优质服务与保障。

目前主流的跨境平台有：Aliexpress、eBay、Amazon、Wish 等。

(1) Aliexpress

Aliexpress（速卖通）是阿里巴巴国际化进程的战略性平台。

特点：价格竞争优势明显，B2B、B2C 垂直类销售模式，主要面向企业客户，海外市场集中在俄罗斯、巴西、美国、西班牙和土耳其。

平台优势：可以免费刊登大部分产品类别；不设置起始刊登期限；商户评级制度周期是 2 个月，给企业留足了补救空间。

平台劣势：价格竞争激烈，宣传推广费用高；运营政策偏向大卖家和品牌商。

Aliexpress 适用外贸企业，有自己的产品、转型 B2C 的工厂。

(2) Amazon

Amazon（亚马逊）从经营网络书籍销售业务起家，目前商品范围包括全新和二手等数百万种品类的商品。

特点：Amazon 已经覆盖了全球主要国家，如美国、英国、德国、法国、西班牙、意大利、印度、日本、加拿大、澳大利亚、墨西哥、巴西等。Amazon是欧洲各国及美国、加拿大、墨西哥、日本等国的主流网购平台。

平台优势：作为电商的鼻祖，Amazon的客户群和流量优势是显而易见的；强大的仓储和物流服务也可以让电商的订单完成得更出色；主要市场在美国和加拿大，但在很多国家都有独立站点，客户覆盖面很广。

平台劣势：企业卖家销售方案需要支付39.99美元月租费，且佣金比例不低；对卖家要求比较严格，申请手续复杂；收款银行账号需要注册自美国、英国等国家；卖家必须可以开具发票；同一台电脑只能登陆一个账号。

Amazon适用有稳定可靠产品资源的、财力有一定实力的外贸企业，最好有熟悉亚马逊政策和知识的专业人士。

(3) eBay

eBay在基于互联网社区，为个人和企业用户提供国际化网络交易的平台。

特点：基本等同于国内的淘宝，平台主要针对C端，主要市场在美国和欧洲发达国家。

平台优势：排名相对公正且平台客服支持效率较高；有竞价拍卖和定价两种价格形式；可以销售全新或者二手两种类别；开店门槛低。

平台劣势：开店免费，但上架产品要收费，订单成交的佣金也不低，在17%左右；付款方式以PayPal为主，有骗单风险；影响平台排名的因素有卖家表现、产品数量、更新速度（频率）和产品价格等。

eBay适用外贸企业且有一定B2C经验的工厂或者品牌经销商。

(4) Wish

Wish平台致力于以亲民的价格提供给消费者优质的产品。

特点：精准营销，以数据分析为导向，以移动端买家为主，根据客户兴趣推送产品；是唯一的移动端平台。Wish 的主要竞争力就是物美价廉以及精准化营销模式带来的高满意率，这也是平台短短几年发展起来的原因。Wish 用户数已经突破 4700 万，对于中小零售商来说，Wish 未来潜力是巨大的。

平台优势：在美国市场拥有较高的人气；精准营销，点对点个性化推送，客户下单率很可观，满意度也很高；上架货品非常简单，主要运用标签进行匹配；利润率非常高，竞争相对公平；Facebook 引流，营销定位清晰。

平台劣势：无法与客户直接沟通；费用较高，物流解决方案不够成熟。

Wish 适用于采用移动终端销售的中小零售商。

14.7 大数据推动跨境电商物流供应链发展

推广跨境电商智能供应链物流系统。大数据、自动化、智能化和信息化是现代物流的特点。跨境电子商务必须适应跨境物流的特点，匹配高效的国际物流体系。应用大数据技术构建一体化跨境物流信息系统。智能供应链需要提高国际物流和跨境电商的协同发展水平。跨境电商企业需要深度挖掘企业内外部数据，发现潜在市场机会，有效地推动企业商业模式创新和战略发展。

14.8 强化政府推动跨境电商发展

政府应该主导跨境电商公共服务平台的建设，一方面为跨境电商产业链中的企业提供服务，如进出口电子商务企业、支付企业和物流企业制造业、仓储企业等；另一方面，为各个政府监管部门，如海关、税务、检验检疫等部门提供信息共享服务，便于各部门联合监管。此外通过建设“单一窗口”，可以将不同部门的信息整合、分类和共享，将有助于提高政府监管效率和便利管理。

在跨境电商平台的建设过程中，政府要借助专业的跨境电商公司的力量，给与这些跨境电商公司政策和资金的支持。要营造良好的营商环境，引进跨境电商龙头企业，吸引跨境电商平台进入园区。政府要注重培育本土跨境电商企业，也要大力吸引知名国外跨境电商平台企业，形成良好的有助于跨境电商企业发展的环境，打造跨境电商产业集聚区。

大 事 记

1998 年 10 月，国家经济贸易委员会（现商务部）与中华人民共和国工业和信息化部联合宣布启动“金贸工程”，开发电子商务在经贸流通领域的大型应用。

1999 年 3 月，阿里巴巴网站诞生，网上购物进入实际应用阶段。

1999 年政府上网、企业上网、电子政务（政府上网工程）、网上纳税、网上教育、远程诊断等广义网络商务开始启动，并进入实际试用阶段。

2004 年王树彤创办敦煌网，开始小额跨境 B2B 线上交易，在此之前，进口跨境电商的主要形式是留学生海外代购和边境贸易。

2006 年，eBay 退出中国，展开全球跨境电商服务。以 eBay 起家的 Dealextreme（帝科思，即后来的 DX）上线，以电子产品为主。2007 年兰亭集势上线，成为中国第一家有风投参与、以自营为主的外贸电商平台。这个时期平台电商开始活跃。

2007 年淘宝网“全球购”开始营业，2008 年受中国奶制品污染事件的影响，海淘代购开始爆发式增长。2009 年深港“一签多行”政策开始实施，代购模式更加迅速地发展。

2009 年以来，国务院及多部委联合分批确定了北、上、广、深、杭等 53 个城市为“国家电子商务示范城市”。

2012 年年底确定上海、重庆、宁波、郑州、杭州 5 个城市开展跨境电子商务试点，后逐步推广至深圳等10多个城市。

2010年，阿里巴巴集团成立速卖通，拓展跨境B2C在线交易。同年，海关针对个人物品行李和邮递物品进口税进行大规模调整，促进了进口直邮的爆发式增长。

2012年年底，国家发展和改革委员会、海关总署开启跨境电商城市试点工作。

2013年，习近平主席提出“一带一路”倡议，即“丝绸之路经济带”和“21世纪海上丝绸之路”的重大倡议。

2013年7月26日，国务院办公厅下发《国务院办公厅关于促进进出口稳增长、调结构的若干意见》对发展跨境电子商务提出明确要求。同年8月21日，国务院办公厅转发了商务部等部门制定的《关于实施支持跨境电子商务零售出口有关政策的意见》针对制约跨境电子商务零售出口发展的突出问题，提出通过海关、质检、税收、外汇、支付和信用6项措施支持跨境电子商务发展。

2013年12月28日，上海跨境贸易电子商务平台（简称跨境通）上线。

2014年，海关总署确定了跨境电商专属的监管代码。

2014年6月，重庆西永综合保税区重庆跨境贸易电子商务公共服务平台上线。

2015年3月5日，国务院总理李克强作政府工作报告，提出制定“互联网+”行动计划。

2015年3月7日，国务院设立中国（杭州）跨境电子商务综合试验区。标志着跨境电商政策红利释放和运作模式的成熟。

2016年1月6日，国务院常务会议决定，在天津、上海、重庆、合肥、郑州、广州、成都、大连、宁波、青岛、深圳、苏州这12个城市设第二批跨境电子商务综合试验区。

2016年8月24日，国家发展改革委在《贵州内陆开放型经济试验区建设实施方案》中明确指出加快打造国际化开放平台。支持贵州在现有政策法规允许条件下大胆探索，推动跨境电子商务创新发展。

2016年初，第二批12个跨境试点城市获批。中国（贵阳）跨境电子商务综合试验区是国务院批准成立，为推动全国跨境电子商务健康发展而成立的试验区。

2017年，我国海淘用户总数为0.65亿人，我国跨境电商交易规模达到7.6万亿元人民币。在2015年，海关就已在东莞保税物流中心推出跨境电商保税备货出口。2016年11月29日，中国（杭州）跨境电子商务综合试验区诞生了保税集货出口模式下的第一单业务。“跨境电商保税集货出口模式的好处之一就是不需要集中报关，每批货物入区后即可退税。”2017年4月1日，四川也正式走通跨境保税集货出口模式首单。

2017年2月13日，广州机场正式走通了跨境电商直邮BC出口通关业务，首批数百个跨境电商直邮BC出口的包裹顺利完成通关，并搭上国际航班飞往欧洲。

2017年，源自美国购物节的“黑色星期五”大促活动也掀起一阵购物热潮，成为继“双11”“618”之后的又一电商盛事。

2018年7月24日，国务院同意在北京市、呼和浩特市、沈阳市、长春市、哈尔滨市、南京市、南昌市、武汉市、长沙市、南宁市、海口市、贵阳市、昆明市、西安市、兰州市、厦门市、唐山市、无锡市、威海市、珠海市、东莞市、义乌市等22个城市设立跨境电子商务综合试验区。

2019年12月15日，国务院同意在石家庄市、太原市、赤峰市、抚顺市、珲春市、绥芬河市、徐州市、南通市、温州市、绍兴市、芜湖市、福州市、泉州市、赣州市、济南市、烟台市、洛阳市、黄石市、岳阳市、汕头市、佛山市、泸州市、海东市、银川市等24个城市设立跨境电子商务综合试验区。

2020年2月24日，中共贵州省委、省人民政府出台《关于支持贵安新区高质量发展的意见》作为全面深入贯彻落实习近平新时代中国特色社会主义思想和习近平总书记视察贵安新区时的重要指示精神，坚持高端化、绿色化、集约化，加快把贵安新区打造成为西部地区重要经济增长极、内陆开放型经济新高地和生态文明示范区。

2020年4月7日，国务院决定新设46个跨境电子商务综合试验区，至此，全国共有105个跨境电子商务综合试验区。

2020年6月13日，海关总署对外发布公告，决定在北京、天津、广州等10个地方海关开展跨境电商企业对企业（B2B）出口监管试点。

参考文献

[1] 黄景贤．国际快递企业成长战略研究．第十二届（2017年）中国管理学年会创新驱动绿色治理与管理变革，天津．2017.10.27—2017.10.29.

[2] 刘晟旭．顺丰公司医药冷链物流系统服务产品优化路径研究[D]．哈尔滨理工大学，2020.

[3] 姜晓琨．贵阳市将着力打造五大物流园和四个物流基地［N］．贵阳日报，2015—03—11（005）.

[4] 黄景贤．国际快递产业发展现状研究［J］．电子商务，2018（06）：31+58.

[5] 国务院关于同意在北京等22个城市设立跨境电子商务综合试验区的批复［J］．中华人民共和国国务院公报，2018（23）：47—48.

[6] 辽宁省人民政府关于印发中国（沈阳）跨境电子商务综合试验区实施方案的通知［J］．辽宁省人民政府公报，2019（02）：8—13+24.

[7] 中国（杭州）跨境电子商务综合试验区获批［J］．杭州（生活品质版），2015（Z2）：50.

[8] 赵国梁，成嘉廷．提高思想认识 把握定位要求 开创内陆开放型经济发展新局面［N］．贵州日报，2016—12—28（001）.

[9] 陈敏尔：开创内陆开放型经济发展新局面［J］．领导决策信息，

2017 (02): 7.

[10] 舒朝普，胡敏慧．杭州缘何引领经济转型新常态 信息服务和电商成重要支点 [J]. 服务外包，2015 (08): 60－63.

[11] 黄景贤．基于短中长期主导力模型对快递企业发展的分析 [J]. 物流工程与管理，2018，40 (03): 46－47.

[12] 杨芳．民营物流企业成本管理研究 [J]. 物流科技，2016，39 (10): 54－56.

[13] 田江，宋景锐，王潇．供应链金融研究现状及热点——基于社会网络分析 [J]. 重庆理工大学学报 (社会科学)，2020，34 (11): 85－94.

[14] 柏蓓．联邦快递联手微软重塑物流商业模式 [N]. 中国民航报，2020－06－10 (003).

[15] 邓小更．基于互联网的 SF 集团组织架构优化研究 [D]. 云南财经大学，2019.

[16] 卢锦澎，孙淳捷，魏旺祖．基于某物流公司经营数据的利润与市值预测 [J]. 中国物流与采购，2021 (05): 39－40.

[17] 葛建华．便利视角下中国 O2O 模式的演进路径研究 [J]. 吉首大学学报 (社会科学版)，2017，38 (04): 101－108.

[18] 范露华，钟晓燕．浅谈顺丰速运对民营快递企业的发展启示 [J]. 福建商业高等专科学校学报，2014 (03): 68－72.

[19] 苏德前，苏琳，孙小红．企业文化融入高职物流管理专业英语课程教学实践与研究 [J]. 科技视界，2021 (06): 184－186.

[20] 杨晨光，罗列英．顺丰速运三大物流服务板块探析 [J]. 现代商贸工业，2018，39 (07): 67－69.

[21] 袁丁．中国快递物流发展现状分析 [J]. 现代商业，2018

(18)：42—43.

[22] 郑璐，徐萍．顺丰在运输杨梅过程中存在的问题［J］．时代金融，2016（24）：311—312.

[23] 梁颖．“一带一路”视域下中俄跨境电商发展对策研究［D］．哈尔滨商业大学，2018.

[24] 陈丽华，鲁毅，林凯．现代流通服务体系建设思考［J］．物流研究，2021（01）：85—92.

[25] 冀芳，张夏恒．跨境电子商务物流模式创新与发展趋势［J］．中国流通经济，2015，29（06）：14—20.

[26] 刘佳林．中国B2B跨境电子商务物流发展探讨［J］．合作经济与科技，2016（09）：136—137.

[27] 冀芳，张夏恒．跨境电子商务物流模式及其演进方向［J］．西部论坛，2015，25（04）：102—108.

[28] 蔡琫．邮政国际小包开启欧洲23国“自由行”［N］．中国邮政报，2018—11—13（001）.

[29] 向钇樾．对跨境电商发展几点看法［J］．知识经济，2016（04）：64.

[30] 张琴．江苏跨境电子商务物流发展研究［J］．合作经济与科技，2016（06）：60—61.

[31] 路建楠．上海发展跨境电子商务的建议［J］．科学发展，2016（08）：52—57.

[32] 梁娟娟，白雪．浅析B2C跨境电子商务物流模式创新［J］．市场论坛，2017（12）：69—71+77.

[33] 杨安．跨境电商型综合保税区规划设计——以浙江省金义综合保税区规划设计为例［J］．中外建筑，2017（08）：111—115.

[34] 天津市人民政府办公厅关于转发市商务委拟定的《中国（天津）跨境电子商务综合试验区实施方案》的通知．2016（06）.

[35] 2018全国两会“名词解释”大全［J］. 时代青年（视点），2018（03）：17—25.

[36] 辽宁省人民政府关于印发中国（营口）中国（盘锦）跨境电子商务综合试验区实施方案的通知［J］. 辽宁省人民政府公报，2020（20）：2—18.

[37] 辽宁省人民政府关于印发中国（抚顺）跨境电子商务综合试验区实施方案的通知［J］. 辽宁省人民政府公报，2020（15）：2—8.

[38] 北京市人民政府办公厅关于印发《中国（北京）跨境电子商务综合试验区实施方案》的通知［J］. 北京市人民政府公报，2018（47）：55—66.

[39] 原付川．新区跨境电子商务“三流合一”［N］. 河北日报，2020—09—08（005）.

[40]《中国（雄安新区）跨境电子商务综合试验区建设实施方案》公布

[41] 内蒙古自治区人民政府关于印发中国（赤峰）跨境电子商务综合试验区建设实施方案的通知［J］. 内蒙古自治区人民政府公报，2020（10）：4—12.

[42] 山西省人民政府办公厅关于印发中国（大同）跨境电子商务综合试验区建设实施方案的通知［J］. 山西省人民政府公报，2020（10）：13—18.

[43] 山西省人民政府办公厅关于印发中国（太原）跨境电子商务综合试验区建设实施方案的通知［J］. 山西省人民政府公报，

2020 (06): 119—125.

[44] 辽宁省人民政府关于印发中国（沈阳）跨境电子商务综合试验区实施方案的通知 [J]. 辽宁省人民政府公报，2019 (02): 8—13＋24.

[45] 周宇. 成都迈向西部跨境电商高地 [N]. 国际商报，2016—01—19 (C04).

[46] 边丽娜. 新时代背景下推进河北省跨境电子商务创新发展研究 [J]. 经济论坛，2020 (09): 68—74.

[47] 李静. 太原跨境电商综试区这样布局 [N]. 太原日报，2020—07—29 (002).

[48] 浙江省人民政府关于印发中国（湖州)、中国（嘉兴)、中国（衢州)、中国（台州)、中国（丽水）跨境电子商务综合试验区实施方案的通知 [J]. 浙江省人民政府公报，2020 (17): 7—27.

[49] 江苏省人民政府关于印发中国（徐州)、中国（南通）跨境电子商务综合试验区实施方案的通知 [J]. 江苏省人民政府公报，2020 (10): 11—27.

[50] 浙江省人民政府关于印发中国（温州)、中国（绍兴）跨境电子商务综合试验区实施方案的通知 [J]. 浙江省人民政府公报，2020 (15): 4—14.

[51] 吴珊. 把黑河建设成中俄跨境电商产业创新发展集聚区 [N]. 黑河日报，2020—07—23 (001).

[52] 省政府关于印发中国（苏州）跨境电子商务综合试验区实施方案的通知 [J]. 江苏省人民政府公报，2016 (10): 27—35.

[53] 辽宁省人民政府关于印发中国（营口）中国（盘锦）跨境电子

商务综合试验区实施方案的通知 [J]. 辽宁省人民政府公报，2020 (20)：2－18.

[54] 王怀诗，杨善波．我市加快打造跨境电商发展新高地 [N]. 连云港日报，2021－03－10 (001).

[55]《中国（吉林）跨境电子商务综合试验区建设实施方案》解读 [J]. 吉林省人民政府公报，2020 (22)：37－38.

[56] 市政府关于印发中国（连云港）跨境电子商务综合试验区实施方案的通知 [J]. 连云港市人民政府公报，2021 (Z1)：43－51.

[57] 沈洁．无锡跨境电子商务校企协同创新路径研究 [J]. 现代营销（信息版），2020 (01)：180－182.

[58] 黄雪莹．外贸新业态必成经济新增长极 [N]. 图们江报，2019－12－26 (001).

[59] 吉林省人民政府关于印发中国（长春）跨境电子商务综合试验区建设实施方案的通知 [J]. 吉林省人民政府公报，2019 (02)：26－31.

[60] 李燕妮，花蕾．无锡跨境电商全模式通关 [J]. 服务外包，2019 (10)：40－41.

[61] 孙永斌．加快推进跨境电商产业高质量发展 [N]. 国际商报，2019－06－12 (009).

[62] 青海省人民政府关于印发中国（西宁）跨境电子商务综合试验区实施方案的通知 [J]. 西宁市人民政府公报，2020 (09)：15－18.

[63] 鲍亮亮．芜湖安庆跨境电商综试区建设方案发布 [N]. 安徽日报，2020－09－04 (003).

[64] 刘肖勇．广东印发 7 个跨境电商综试区发展实施方案 [N]. 广

东科技报，2020－08－14（006）.
[65] 陈欣琪．以综试区建设推动汕头和全省贸易高质量发展［N］．汕头日报，2020－03－09（001）.
[66] 广东省人民政府关于印发中国（汕头）、中国（佛山）跨境电子商务综合试验区实施方案的通知［J］．广东省人民政府公报，2020（07）：8－21.
[67] 山东省人民政府关于印发中国（威海）跨境电子商务综合试验区实施方案的通知［J］．山东省人民政府公报，2019（03）：1－9.
[68] 安徽省人民政府办公厅关于印发中国（合肥）跨境电子商务综合试验区建设实施方案的通知．安徽省人民政府办公厅．
[69] 梁熙，石芳，曾新枝，郑新渠．"金字招牌"带来外贸发展新机遇［N］．闽西日报，2021－07－24（002）.
[70] 江西省人民政府关于印发中国（九江）跨境电子商务综合试验区实施方案的通知［J］．江西省人民政府公报，2020（17）：8－13.
[71] 广东省人民政府关于印发中国（珠海）、中国（东莞）跨境电子商务综合试验区实施方案的通知［J］．广东省人民政府公报，2018（34）：10－24.
[72] 杜正蓝．《中国（漳州）跨境电子商务综合试验区实施方案》印发［N］．福建日报，2020－07－22（002）.
[73] 方俊鹏．3 年打造 3 个跨境电商特色集聚区［N］．梅州日报，2020－07－27（001）.
[74] 浙江省人民政府关于印发中国（湖州）、中国（嘉兴）、中国（衢州）、中国（台州）、中国（丽水）跨境电子商务综合试验区实施方案的通知［J］．浙江省人民政府公报，2020（17）：

7—27.

[75] 刘洁．烟台跨境电商综试区这样建 [N]. 烟台日报，2020—06—18 (001).

[76] 王彬．2022 年全市跨境电商交易额突破 200 亿元 [N]. 济南日报，2020—06—17 (A01).

[77] 山东省人民政府关于印发中国（烟台）跨境电子商务综合试验区实施方案的通知 [J]. 山东省人民政府公报，2020 (19): 18—21.

[78] 河南省人民政府关于印发中国（洛阳）跨境电子商务综合试验区实施方案的通知 [J]. 河南省人民政府公报，2020 (17): 8—12.

[79] 山东省人民政府关于印发中国（济南）跨境电子商务综合试验区实施方案的通知 [J]. 山东省人民政府公报，2020 (19): 14—17.

[80] 薛静．潍坊跨境电商综合试验区建设全面启动 [N]. 潍坊日报，2020—08—01 (001).

[81] 黄国清．培育外贸新业态新模式 [N]. 湄洲日报，2020—07—28 (A01).

[82] 黄晓波，柯丽萍，刘倩．打造全产业链跨境电商生态圈 [N]. 泉州晚报，2020—05—26 (006).

[83]《中国（南阳）跨境电子商务综合试验区实施方案》政策解读 [J]. 河南省人民政府公报，2021 (05): 24.

[84] 广东省人民政府关于印发大力发展电子商务加快培育经济新动力实施方案的通知 [J]. 广东省人民政府公报，2016 (15): 8—14.

[85] 吴晓强．跨境电商走上新里程 [N]. 潍坊日报，2017—01—16 (003).
[86] 杨金，彭敏，陈云花，罗利亚．综合试验区对周边地区发展跨境电商效应分析——基于中国（南昌）跨境电商综合试验区的思考 [J]. 营销界，2019 (38)：112+114.
[87] 周月桂．我省电子商务年交易额有望破万亿 [N]. 湖南日报，2018—12—21 (003).
[88] 关于印发《关于促进中国（梅州）跨境电子商务综合试验区发展若干政策措施（试行)》的通知 [J]. 梅州市人民政府公报，2021 (02)：22—25.
[89] 省政府关于印发中国（苏州）跨境电子商务综合试验区实施方案的通知 [J]. 江苏省人民政府公报，2016 (10)：27—35.
[90] 江西省人民政府关于印发中国（赣州）跨境电子商务综合试验区实施方案的通知 [J]. 江西省人民政府公报，2020 (14)：12—19.
[91] 湘潭市商务局 奋勇争先 打造内陆改革开放先行区 [N]. 湘潭日报，2021—02—10 (003).
[92] 刘肖勇．广东印发 7 个跨境电商综试区发展实施方案 [N]. 广东科技报，2020—08—14 (006).
[93] 自治区人民政府关于印发中国（银川）跨境电子商务综合试验区实施方案的通知 [J]. 宁夏回族自治区人民政府公报，2020 (16)：10—12.
[94] 魏冯．力争 5 年跨境电商交易额超 10 亿元 [N]. 四川日报，2020—08—10 (001).
[95] 曾秦．贵州跨境电商明年目标破 10 亿美元 [N]. 国际商报，

2019－01－15 (012).
[96] 四川省人民政府关于印发中国（泸州）跨境电子商务综合试验区实施方案的通知 [J]. 四川省人民政府公报，2020 (16)：3－7.
[97] 青海省人民政府关于印发中国（海东）跨境电子商务综合试验区实施方案的通知 [J]. 青海政报，2020 (12)：7－10.
[98] 关于印发中国（乌鲁木齐）跨境电子商务综合试验区实施方案的通知 [J]. 新疆维吾尔自治区人民政府公报，2020 (Z8)：18－26.
[99] 青海省人民政府关于印发中国（西宁）跨境电子商务综合试验区实施方案的通知 [J]. 青海省人民政府公报（汉文版），2020 (17)：3－6.
[100] 韩成圆．我省谋划跨境电子商务新体系 [N]. 云南日报，2019－02－15 (002).
[101] 单毅．中心商务区跨境电商生态圈初成 [N]. 滨海时报，2016－09－26 (003).
[102] 海南省人民政府办公厅关于印发中国（海口）跨境电子商务综合试验区实施方案的通知 [J]. 海南省人民政府公报，2019 (02)：39－45.
[103] 重庆市人民政府办公厅关于印发中国（重庆）跨境电子商务综合试验区实施方案的通知 [J]. 重庆市人民政府公报，2016 (14)：35－38.
[104] 王丽英．大连引领东北跨境电商发展 [N]. 国际商报，2016－10－14 (E05).
[105] 吕霞，谢睿丽．二〇二二年天水跨境电商交易额将破两亿 [N]. 甘肃经济日报，2020－07－24 (001).

[106] 省人民政府办公厅关于印发中国（遵义）跨境电子商务综合试验区实施方案的通知［J］. 贵州省人民政府公报，2020（10）：36－41.

[107] 单毅．津城电商生态圈“初成”［N］. 滨海时报，2016－05－27（004）.

[108] 甘肃省人民政府办公厅关于印发中国（兰州）跨境电子商务综合试验区实施方案的通知［J］. 甘肃省人民政府公报，2019（04）：24－28.

[109] 河南省人民政府关于印发中国（郑州）跨境电子商务综合试验区建设实施方案的通知［J］. 河南省人民政府公报，2016（12）：7－15.

[110] 李子晨．政企携手打造北方跨境电商生态圈［N］. 国际商报，2019－09－11（008）.

[111] 黄景贤．一带一路背景下贵州跨境电子商务人才培养模式探索［J］. 电子商务，2018（05）：50－51.

[112] 方亚丽．跨境电商的贵阳试验［J］. 当代贵州，2019（Z1）：56－57.

[113] 曾秦．贵州跨境电商明年目标破 10 亿美元［N］. 国际商报，2019－01－15（012）.

[114] 庭静．2022 年出口企业中应用跨境电子商务比例达到 40%［N］. 贵阳日报，2019－01－09（007）.

[115] 靳春华．《中国（贵阳）跨境电子商务综合试验区实施方案》印发［N］. 贵州政协报，2019－02－21（A01）.

[116] 韩洁．我国跨境电商国际化发展研究［D］. 首都经济贸易大学，2018.

[117] 刘曼璐，许应楠，王佳．电商发展新趋势下工匠精神与电子商务课程改革融合研究［J］．商场现代化，2019（17）：33—35.

[118] 黄旻婧．高职“对日电子商务实务”课程校企合作开发探索——以厦门城市职业学院为例［J］．厦门城市职业学院学报，2018，20（04）：59—63.

[119] 省人民政府关于印发《贵州内陆开放型经济试验区建设规划》的通知［J］．贵州省人民政府公报，2017（09）：19—44.

[120] 李书军．贵州内陆开放型经济发展稳中有进［N］．国际商报，2017—09—18（B46）.

[121] 田锦凡．贵州开放型经济谋行稳致远［N］．贵州政协报，2017—07—25（B01）.

[122] 吴大华，刘杜若，黄景贤，宋迎昌，林玲，罗以洪，罗艳，周欢，娄伟，柳一桥，盛广耀，梁艳菊，游建民．形成东西协作多方联动的大扶贫格局［N］．贵州日报，2019—10—23（007）.

[123] 王璐瑶．国家发改委印发《贵州内陆开放型经济试验区建设实施方案》［N］．贵州日报，2016—08—30（002）.

[124] 张恒，彭奇伟．借势长江经济带 端稳生态“金饭碗”——访贵州省社会科学院院长吴大华［J］．当代贵州，2016（35）：34—35.

[125] 吴承坤，杨国琪．贵州：打造内陆开放型经济高质量发展标杆［N］．中国经济导报，2018—10—09（006）.

[126] 东西部扶贫协作问题研究课题组．深化东西部扶贫协作 挖掘内生式发展动力［N］．贵州日报，2019—09—04（010）.

[127] 徐海星．建独具特色的“生态型”综合保税区——访贵安新

区党工委副书记、贵安综合保税区党工委书记、管委会主任孙登峰［J］. 当代贵州，2016（17）：34－35.

［128］关于支持贵安新区高质量发展的意见［N］. 贵州日报，2020－03－03（001）.

［129］吴承坤．坚持高端化绿色化集约化 贵安新区翻开高质量发展新篇章［N］. 中国经济导报，2020－03－11（007）.

［130］中共贵州省委关于制定贵州省国民经济和社会发展第十四个五年规划和二〇三五年远景目标的建议［N］. 贵州日报，2020－12－14（001）.

［131］省委财经办．“贵安八条”力促贵安新区高质量发展［N］. 贵州日报，2020－03－04（001）.

［132］“贵安八条”力促贵安新区高质量发展——省委、省政府《关于支持贵安新区高质量发展的意见》解读［J］. 当代贵州，2020（11）：46－49.

［133］王太师．黔中经济体量大能级城市圈呼之欲出［N］. 贵州日报，2020－05－28（010）.

［134］吴大华，许峰．“贵安八条”新在哪里？［N］. 贵州日报，2020－03－16（004）.

［135］吕跃．营造良好的营商环境——访省商务厅党组书记、厅长，省投资促进局党组书记、局长季泓［J］. 当代贵州，2018（01）：38－39.

［136］省人民政府关于印发《贵州内陆开放型经济试验区建设规划》的通知［J］. 贵州省人民政府公报，2017（09）：19－44.

［137］苟以勇．品读“金八条”［N］. 贵州日报，2020－03－16（004）.

[138] 贵州加快推进“三大试验区”高质量建设 [N]. 人民日报，2021—01—26 (008).

[139] 张怀水. 出口与 B2B 模式占交易额 70% 36 项经验已在全国推广 [N]. 每日经济新闻，2020—04—13 (003).

[140] 罗珊珊. 全力以赴保市场保订单保份额 [N]. 人民日报，2020—04—11 (002).

[141] 田仁碧，张建，李阳. 贵阳“四区协同”优化产业布局“四轮驱动”提升平台能级 [N]. 贵州日报，2019—09—07 (008).

[142] 商务部回应外贸热点 将从这些方面帮助企业 [J]. 中国外资，2020 (07): 26—27.

[143] 王文博. 商务部：以政策“组合拳”力稳外贸基本盘 [N]. 经济参考报，2020—04—13 (001).

[144] 王俊岭. 打出“组合拳”稳住“基本盘” [N]. 人民日报海外版，2020—04—11 (003).

[145] 王太伟，梁洪鸣. 贵阳综保区打造内通外联的智能化“桥头堡” [N]. 国际商报，2019—11—05 (K65).

[146] 成亚. 当前形势下对我国外贸发展的几点思考 [J]. 今日财富，2020 (24): 16—17.

[147] 刘磊. 发展新引擎：航空物流新枢纽全速崛起 [N]. 贵阳日报，2016—12—14 (005).

[148] 何泳，欧阳建荣，潘铮. 深圳打造跨境电商可信交易环境 [N]. 深圳特区报，2015—07—20 (A03).

[149] 韦何静，傅江平. 搭桥铺路少纠纷 [N]. 中国质量报，2015—08—19 (007).

[150] 陈家宝. 疫情下跨境电商助力东南亚经济 [N]. 中国国门时

报，2020－04－17（001）.
[151] 叶庭煜．S公司跨境电商第三方服务平台的发展策略研究[D]．南京邮电大学，2018.
[152] 韩洁．我国跨境电商国际化发展研究[D]．首都经济贸易大学，2018.
[153] 王永强．疫情之下，跨境电商的变革之路[J]．进出口经理人，2020（03）：63.
[154] 敖凯．amazon 杰夫·贝索斯 从卖图书的小商店开始[J]．中国战略新兴产业，2015（13）：68－69.
[155] 刘娇．杭州服贸代表作：跨境电商服务助“中国制造”连接全球[J]．服务外包，2019（07）：44－47.
[156] 彭训文．跨境电商主动化“危”为“机”[N]．人民日报海外版，2020－03－30（008）.
[157] 王向阳．疫情之下看电商[J]．创新世界周刊，2020（05）：20－21＋6.
[158] 李怿．面向跨境电商的定制化物流解决方案[D]．浙江工业大学，2017.
[159] 段永晓．跨境电商背景下粮油设备出口企业营销策略研究[D]．郑州大学，2019.
[160] 庞颖．基于电子商务的“冉冉爱”网店运营模式研究[D]．浙江工业大学，2010.
[161] 陈姗姗．“零元购”唯品会快递业务 顺丰加码高端电商件[N]．第一财经日报，2019－12－02（A04）.
[162] 胡海苏．跨境电商发展的政府经济职能研究[D]．南京师范大学，2018.

[163] 孙洋．大数据背景下跨境电商商业模式创新研究 [D]. 东北师范大学，2018.

[164] 朱梦丽．消费者主导下的电子商务动态定价模型研究——以eBay为例 [J]. 南方金融，2015 (08)：25－31＋24.

[165] 陈建超，孙杰．跨境电商试验区大发展背景下的从业人员水平提升路径研究 [J]. 商展经济，2020 (04)：93－95.

[166] 周云杰．全国人大代表周云杰：支持B2B类跨境电商平台 力促“互联网＋大外贸”发展 [J]. 服务外包，2016 (04)：32－34.

[167] 蓝玉才．跨境电子商务增势旺盛 [J]. 中国商贸，2014 (07)：42.

[168] 张晓峰，任小雨，吴珊，莫迟，乔川川．政府工作报告释放重大利好 六大板块蕴藏“真金白银” [N]. 证券日报，2015－03－07 (B01).

[169] 李社．2015年政府工作报告亮点与解读 [J]. 理论与当代，2015 (04)：61－64.

[170] 雷怡安，贾琪，秦粟风．跨境电商新赋能 [J]. 一带一路报道 (中英文)，2021 (03)：78－82.

[171] 白明．疫情影响的基本面与稳住外贸的基本盘 [J]. 清华金融评论，2020 (05)：31－34.

[172] 张磊．我国跨境电商发展现状及对天津港的启示 [J]. 港口经济，2015 (02)：23－26.

[173] 2020年冷链物流政策盘点分析 [J]. 物流技术与应用，2021，26 (S1)：28－35.

[174] 刘伟娜．郑州发展跨境电子商务模式分析 [J]. 现代经济信息，2016 (01)：334－335.

[175] 耿慧慧，王萍．我国出口跨境电商运作模式分析［J］．电子商务，2018（06）：17－18．

[176] 周英芬，朱瑞庭．我国零售业“走出去”背景下内外贸一体化发展的路径及对策研究［J］．江苏商论，2015（07）：3－7．

[177] 宋子夏．跨境电商出口模式创新研究［J］．特区经济，2019（06）：98－100．

[178] 梁婧．打造内陆开放型经济试验区“桥头堡”［N］．贵阳日报，2019－12－07（001）．

[179] 李克强主持召开国务院常务会议［N］．人民日报，2020－04－08（001）．

[180] 班娟娟．国务院推系列举措 努力稳住外贸外资基本盘［N］．经济参考报，2020－04－08（001）．

[181] 卞文志．促内外贸发展再出新举措［N］．中国审计报，2020－04－20（005）．

[182] 李克强主持召开国务院常务会议 推出增设跨境电子商务综合试验区、支持加工贸易、广交会网上举办等系列举措，积极应对疫情影响，努力稳住外贸外资基本盘［J］．赣商，2020（04）：9．

[183] 徐贝贝．实招频出稳住外贸外资基本盘［N］．金融时报，2020－04－09（002）．

[184] 梁洪鸣．贵阳综保区：建设具有保税特色的现代服务业集聚区［N］．国际商报，2020－11－05（A45）．

[185] 中华人民共和国海关总署公告2018年第194号［J］．中国对外经济贸易文告，2018（78）：19－22．

[186] 李振．广交会6月中下旬“云办展”增设46个跨境电商综合

试验区 [N]. 21世纪经济报道, 2020－04－08 (001).
[187] 韩成圆, 刘子语. 跨境电商企业有何期待 [N]. 云南日报, 2020－05－13 (008).
[188] 张巧, 孙雪琴. 海关支持跨境电商发展相关政策解读 [N]. 中国国门时报, 2021－08－04 (003).
[189] 李宁. 借助"互联网＋"打造外贸发展新模式 [N]. 现代物流报, 2020－04－15 (A02).
[190] 李宁. 把政策落实到位 多点发力"两稳" [N]. 国际商报, 2020－04－09 (001).
[191] 李强. "互联网＋"背景下跨境电商运作模式创新研究 [J]. 技术经济与管理研究, 2019 (03): 71－75.
[192] 殷冉, 俞晔, 李静静, 陈君义, 王毅谦. 跨境电商进口食品监管现状分析及对策 [J]. 食品安全质量检测学报, 2021, 12 (03): 1160－1165.
[193] 汤莉. 跨境电商发展再迎政策春风 [N]. 国际商报, 2019－07－09 (003).
[194] 李克强主持召开国务院常务会议 [N]. 人民日报, 2019－07－04 (002).
[195] 李高超. 稳外贸, 中国行则必至 [N]. 国际商报, 2019－07－08 (002).
[196] 刘益. 海关跨境电商B2B出口监管新政的意义、影响及建议 [J]. 计算机与网络, 2020, 46 (14): 9－11.
[197] 借助"互联网＋"打造外贸发展新模式 [J]. 信息系统工程, 2020 (04): 2.
[198] 张进, 葛蒙. 从"先行先试"到"先行示范" [J]. 中国外

汇，2019（23）：33－37.

[199] 辽宁省人民政府办公厅关于印发辽宁省发展跨境电子商务工作方案的通知 [J]. 辽宁省人民政府公报，2015（S3）：57－60.

[200] Global Express Association. Express Delivery and Trade Facilitation: Impacts on the Global Economy [R] . London: Frontier Economics Ltd , January 2015 (03).

[201] European Multi-Channel and Online Trade Association (EMOTA). E-Commerce and Distance Selling in Europe Report [R]. 2014.

[202] Global Express Association. Express Delivery and Trade Facilitation: Impacts on the Global Economy. Frontier Economics [R]. January 2015.

[203] Global Express Association. Cross-border E-commerce Trade-Engine for Growth: Proposals for Reducing Supply Chain Barriers [R]. November 2014.

[204] International Bank for Reconstruction and Development and the World Bank. Connecting to Compete: Trade Logistics in the Global Economy [R]. 2014.

[205] Madan, Birla. Fedex Delivers: How the World's Leading Shipping Company Keeps Innovating and Outperforming the Competition [M]. Prentice Hall. 2010.

[206] Oxford Economic Forecasting. The Impact of the Express Delivery Industry on the Global Economy Research [R]. 2005.

[207] Sara Gilbert. Built for Success: the Story of FedEx [M]. Creative Paperbacks. 2013.

[208] United States International Trade Commission. Express Deliv-

ery Service: Competitive Conditions Facing U. S. -based Firms in Foreign Markets [R]. Investigation USITC Publication. April 2004.

[209] US-ASEAN Business Council. Express Delivery Service: Integrating ASEAN to Global Markets [R]. June 2005.

[210] 大和運輸株式会社社史編纂委員会. ヤマト運輸 70 年史 [M]. 1991 年.

[211] 大和運輸株式会社社史編纂委員会. ヤマトシステム開発 20 年史 [M]. 1993 年.

[212] 斎藤実. 宅配便: 現代輸送のイノベーター [M]. 成山堂書店. 1991 年.

[213] 斎藤実. トラック輸送産業の構造と規制緩和 [J]. 商経論叢 (神奈川大学). 1996 年 3 月 31 (4). pp. 222—302。

[214] 斎藤実. アメリカ物流改革の構造: トラック輸送産業の規制緩和 [M]. 白桃書房. 1999 年.

[215] 斉藤実. トラック輸送産業の規制緩和に関する日米国際比較 [J]. 輸送展望. 1999 年 (252). pp. 97—104.

[216] 斉藤実. 米国の物流改革とトラック輸送産業 [J]. 運輸と経済. 1999 年 11 月 59 (11). pp. 53—61.

[217] 斎藤実. 物流戦略論の新たな展開—ロジスティクス・ケイパビリティ [J]. 『商経論叢 (神奈川大学)』、2002 年 1 月. 37 (3 号). pp. 1—40.

[218] 斎藤実, 矢野裕児, 林克彦. 宅配便の成長戦略: 時代の変化に適合する宅配便. 現代企業のロジスティクス [M]. 中央経済社. 2003 年. pp. 147—164.

[219] 斎藤実．佐川急便の事業戦略と3PL事例．3PLビジネスとロジスティクス戦略［M］．白桃書房．2005年．pp. 191－195.

[220] 斉藤実．トラック輸送産業の構造と諸課題［J］．運輸と経済．2009年4月．69（4）．pp. 13－21.

[221] 斎藤実．宅配便の秘密［M］．御茶の水書房．2009年．

[222] 斎藤実．アメリカにおけるトラック輸送産業の生産性分析［J］．商経論叢（神奈川大学）．2010年12月．46（2）．pp. 23－43.

[223] 佐川急便株式会社社史編纂委員会．飛脚の精神：佐川急便株式会社五十年物語［M］．2007年.

[224] 石川実令．1970年代のアメリカにおけるエア・エキスプレスの発展：FedEx社の翌日配送サービスを中心に［J］．商学論纂（中央大学）．2003年3月．44（5）．pp. 179－203.

[225] 石川実令．FedEx社の国際ネットワーク戦略：ハブ・アンド・スポーク・システムの国際展開を中心に［J］．商学論纂（中央大学）．2004年6月．45（5）．pp. 195－228.

[226] 石川実令．エア・エキスプレス・ロジスティクスに関する：考察－インテグレーターによる3PLの展開を中心に［J］．商学論纂（中央大学）．2005年8月．46（6）．pp. 109－148.

[227] 石川実令．情報通信技術とロジスティクス・サービスの高度化：FedEx社によるEDI（電子データ交換）の活用を中心に［J］．商学論纂（中央大学）．2007年8月．48（5）．pp. 327－360.

[228] 石川実令．グローバル・ロジスティクス・システムの生成：インテグレーターによるサービス高度化のプロセスの解明［D］．学位論文〔経済学博士〕．中央大学．2007年．1997年

5月.pp. 48—55.

[229] 小倉昌男. 小倉昌男経営学 [M]. 日経BP社.1999年.

[230] 小倉昌男.やればわかる、やればできる：クロネコ宅急便が成功したわけ [M]. 講談社.2003年.

[231] 小倉昌男.小倉昌男の人生と経営 [M]. PHP研究所.2012年.

[232] 木川眞.ヤマトグループの経営戦略と海外展開について.グローバル・ロジスティクス論I講義録.ヤマト運輸株式会社・一橋大学大学院商学研究科産学連携事業.2011年.

[233] 木川眞. 未来の市場を作り出す：「サービスが先、利益が後」がめざすこと（M]. 日経BP社.2013年。

[234] 木川眞.ヤマトHDが仕掛ける、新たな物流革命. 日経Plus10.2013年7月10日.

[235] 木川眞.スペシャルInterview：日本の成長戦略に寄与する物流企業のイノベーション.B—プラス・ホームページ. 2013年12月.

[236] 日本貿易振興機構. 海外調査サービス産業の国際展開調査：ヤマト運輸株式会社（海外：中国）[J]. JETRO.2012年3月.pp. 1—7.

[237] 特集FedEx：規制を超える国際物流の巨人—逆境バネに市場こじ開け，常に開拓者精神を持ち続けたい [J]. NIKKEI BUSINESS.1996年9月23日.pp. 22—24.

[238] 特集FedEx：アジア覆う巨大な〝網〞—物流のマクドナルド，利便性で攻める [J]. NIKKEI BUSINESS.1996年9月23日.pp. 25—27.

[239] 特集：FedEx：フレデリック・W・スミス氏インタビュー—

「時はカネなり」実践し国際貨物の激変リード［J］. NIKKEI BUSINESS. 1996 年 9 月 23 日 . pp. 32－33.

［240］特集：小口急送（インテグレーター）VS 航空貨物業界連合(エアライン・フォワーダ）の戦いは・シッパーの選択はインテグレーターにむいているだろうか？［J］. SPACE. 1996 年 10 月 . pp. 6－10.

［241］特集：どこまでひろがるのかフォワーダー大型提携ブーム、変化する物流ニーズへの対応を賭けて、より大きくより強くと［J］. SPACE. 2000 年 2 月 . pp. 4－9.

［242］強い企業のシステム戦略：米 FedEx・エキスプレスネットと物流の相乗効果を狙う顧客企業のEC 事業を全面支援［J］. NIKKEI COMPUTER. 2000 年 5 月 8 日 . pp. 118－123.

［243］吕红星．疫情对跨境电商影响几何［N］．中国经济时报，2020－02－07.

［244］吴喜龄、袁持平、黄高余，等．跨境电商实务［M］. 北京：清华大学出版社，2018.

［245］孙韬．跨境电商与国际物流：机遇、模式与运作［M］. 北京：电子工业出版社，2019.

［246］梁婧．打造内陆开放型经济试验区“桥头堡”［N］. 贵阳日报，2019－12－07 (4).

［247］日本黑猫大和运输株式会社官网 .

［248］日本佐川急便株式会社官网 .

［249］FedEx 公司官网 .

［250］USPS 公司官网 .

［251］UPS 公司官网 .

[252] DHL 公司官网.

[253] 美国供应链管理专业协会（Council of Supply Chain Management Professionals）官网.

[254] 顺丰速运官网.

[255] 美国国际贸易委员会（United States International Trade Commission）官网.

[256] 全球快递联盟（Global Express Association）官网.

[257] 日本国土交通省官网.

[258] 美国竞争力委员会（Council on Superconductivity for American Competitiveness）官网.

[259] 中国政府网主页

[260] 中国海关总署主页